Kohlmann-Scheerer **Von der Kollegin zur Vorgesetzten**

Dagmar
Kohlmann-Scheerer

Von der Kollegin zur Vorgesetzten

Ein starker Aufstieg

ARISTON

Die Deutsche Bibliothek – CIP-Einheitsaufnahme
Kohlmann-Scheerer, Dagmar:
Von der Kollegin zur Vorgesetzten : ein starker Aufstieg /
Dagmar Kohlmann-Scheerer. – Kreuzlingen ; München : Hugendubel, 2002
(Ariston)
ISBN 3-7205-2334-9

Umschlaggestaltung: Eisele Grafik-Design, München
unter Verwendung eines Motivs von Gettyimages/Siede Preis
Redaktion: Sabine Nachtwey
Produktion: Maximiliane Seidl
Satz: EDV-Fotosatz Huber / Verlagsservice G. Pfeifer, Germering
Druck: Huber, Dießen
Printed in Germany

ISBN 3-7205-2334-9

Inhalt

Einleitung

Kolleginnen, die zu Vorgesetzten werden, haben es schwer. Die Mitarbeiter und Mitarbeiterinnen hoffen, dass dadurch alles beim Alten bleibt, oder noch besser, dass die zukünftige Chefin endlich die Interessen der Gruppe »nach oben« durchsetzt. Die Geschäftsleitung wiederum hofft, dass die neue Vorgesetzte genügend Durchsetzungsvermögen hat, und schaut mit Argusaugen auf die Frischgekürte. Der Zweifel, ob nicht jemand von »außen« durch »straffere« Führung mehr Erfolg verzeichnen könnte, wird sie eine Weile begleiten.

Hingegen erwarten die Mitarbeiter, dass ihre neue Chefin durch ihre Erfahrungen als ehemalige Kollegin genau weiß, welche Verbesserungen die Mitarbeiter wollen, zum Beispiel endlich eine neue Pausenregelung, und Gehaltserhöhungen sind schon lange fällig. Das Erfreulichste aber an dem internen Aufstieg ist: Es bleibt den Exkollegen und -kolleginnen erspart, dass ihnen eine »Fremde« vor die Nase gesetzt wird. So sitzen die frisch gebackenen Vorgesetzten oft zwischen allen Stühlen.

Schwer einzuschätzen sind die innersten Gefühle der Kolleginnen und Kollegen, die ebenfalls auf den Posten reflektiert haben. Frustriert sind sie auf jeden Fall. Diese Mitarbeiter können der neuen Chefin nicht loyal folgen. Und erschwerend kommt hinzu, dass über diese Enttäuschung meistens nicht gesprochen wird. Die Beziehung zu den ehemaligen Kolleginnen und Kollegen verändert sich klammheimlich. »Die muss sich ja jetzt auf die Seite der Geschäftsleitung stellen – irgendwie ist sie doch eine von ihnen...« Skepsis und Misstrauen begleiten die neue Konstellation. Aus ehemaliger »Nähe« wird abwartende »Distanz«.

Die neuen Chefinnen und ehemaligen Kollegen müssen mit Sicherheit davon ausgehen, dass eine Menge unbekannter Gefühle störend mitmischen. »Was kann ich tun«, fragt sich vielleicht die neue Vorgesetzte, »um meine Beliebtheit zu behalten, auch wenn ich gezwungen bin, schwache Leistungen zu kritisieren und unbeliebte Veränderungen durchzusetzen?« Es tauchen Gefühle auf, die unmerklich das Betriebsklima verändern, die »Opfer«, »Retter« und »Verfolger« auf den Plan rufen. Die ehemalige Kollegin, die um die enge Beziehung zur neuen Chefin bangt, wird schnell eine Warnung auf den Lippen haben: »Du, pass auf, die Kollegen in der Marketing-Abteilung reden über dich...« , ganz in der Rolle der »Retterin« aufgehend. Der »Verfolger« hingegen wird keine Gelegenheit auslassen, der Neuen zu beweisen, dass sie ständig Fehler macht. Bleibt noch die Opferrolle. Hier wird immer jemand in Not geraten und um Hilfe bitten: »Du, ich bin doch noch nicht so lange hier in dieser Abteilung, deshalb kann ich das nicht...«

Es weht ein frischerer Wind in der Abteilung, der – für die einen merklich, für die anderen nicht – für gerötete Wangen sorgt. Bitte cremen Sie Ihr Gesicht am Anfang ein wenig dicker ein, bis Sie spüren, dass die Temperaturen sich wieder normalisiert haben.

Sollte Ihnen auffallen, dass viel und in Ihren Augen unnötig kritisiert und debattiert wird, dann tappen Sie bitte nicht in die Falle, sofort alles sachlich lösen zu wollen. Menschen reagieren auf Veränderungen häufig mit Widerstand. Sie befürchten, dass ihnen liebe Gewohnheiten genommen werden und das löst Verunsicherungen aus. Gerüchte entstehen, die Mobbing-Gefahr steigt (man braucht ein gemeinsames Feindbild, um sich wieder stark zu fühlen) und es keimt Angst auf. Jede Abweichung von Erwartungen wird als Bedrohung aufgefasst und dies führt zu Ablehnung. Das erklärt auch, weshalb es oft so schwierig ist, neue Ideen, Visionen, Ziele in eine bestehende Ordnung zu installieren.

Blicken Sie hinter die Kulissen und erspüren Sie die Hintergründe der Ablehnung. Das erfordert ein wenig Übung, denn wir haben nicht gelernt, mit Gefühls-Unwägbarkeiten umzugehen; wir sind eher darauf getrimmt, uns fachlichen Dingen zuzuwenden.

Es werden »Nebenkriegsschauplätze« entstehen und daraus unnötige Diskussionen über Konzepte, unsinnige Anordnungen oder Urlaubszeiten und so weiter. Erst wenn Sie verstehen, dass die Ablehnung Ihrer neuen Ideen nichts mit *Ihnen* zu tun hat, sondern mit der Angst vor Veränderungen, können Sie gelassen und richtig reagieren.

Sie können die Gerüchteküche in Schach halten, indem Sie möglichst viele Informationen fließen lassen. Je mehr die Menschen über Pläne und Projekte wissen, desto weniger müssen sie darüber spekulieren und rätseln. *Transparenz* heißt das Zauberwort.

Manche »Probleme« bedürfen keinerlei Reaktion Ihrerseits, denn vieles legt sich nach einiger Zeit von selbst. Lassen Sie Ihren neuen Mitarbeitern Spielraum für Konflikte, für negative Emotionen. Greifen Sie zu früh ein, wird der Konflikt »öffentlich« und Sie sind gezwungen zu handeln, indem Sie Gespräche führen, lenken und beschwichtigen müssen.

Zu *erspüren,* was los ist, den richtigen Riecher für Eingreifen, Handeln oder Lenken zu bekommen, das wird eine Ihrer neuen Aufgaben sein.

Auf eine Gefahr möchte ich Sie noch aufmerksam machen: Sollten Sie in Ihrem neuen Job zu gut werden, kann das bei Ihrem nächsthöheren Vorgesetzten ebenfalls Ängste auslösen.

Vielleicht hört er bereits »Sägegeräusche an seinem Stuhl«. Er glaubt, eine »Natter an seinem Busen zu nähren«, und will deshalb sein Terrain schützen. Das macht sich dadurch bemerkbar, dass er Ideen von Ihnen boykottiert oder ablehnt und Sie kaum mehr informiert (Sie erfahren beispielsweise erst während einer Sitzung, dass über dieses und jenes bereits Entscheidungen getroffen wurden, und Sie sind die Blamierte, nach dem Motto: »Wie, das wussten Sie nicht? Na ja, Sie müssen eben noch viel lernen!«). Aber seien Sie unbesorgt: Es gibt ein paar Tipps in diesem Buch, wie Sie sich gegen die »Gefahr von oben« schützen können.

Viel Erfolg, Sie schaffen es!

1. Kapitel: Das Dilemma von Familie und Beruf

Warum gibt es so wenige Frauen an der Spitze?

Vor einiger Zeit unterhielt ich mich mit dem Filialleiter meiner Bank. Er wolle in den Ruhestand gehen, erzählte er mir, und nun sei noch seine Nachfolge zu klären. Meine Annahme, dass die Dame seinen Sessel einnimmt, die schon lange Jahre die Vizeleitung der Filiale innehatte, stellte sich als Irrtum heraus. Die Begründung: »Sie möchte den Posten nicht, sie bleibt lieber die Nummer zwei. Wissen Sie, das ist ihr zu viel Verantwortung. Wir haben daraufhin eine Ausschreibung innerhalb des Hauses gestartet. Es hat sich nicht *eine* Frau gemeldet. Sie wollen sich eben doch eher um die Familie kümmern.«

Ich ging sehr nachdenklich nach Hause. Nicht *eine einzige* Frau? Wo sind denn die selbstbewussten Frauen, die gerne Karriere machen wollen?

Sitzen sie alle zu Hause und kümmern sich um ihre Familien? Und reden sich ein, dass ihre Welt in Ordnung sei, weil der Gatte saubere Hemden hat? Dass ihre Erfüllung darin liege, das günstigste, beste und energiesparendste Waschpulver zu kaufen? Nebenher wie selbstverständlich in die Rolle der immer gut gelaunten Geliebten schlüpfen, oder in die Rolle der Dulderin, wenn sich die sonst so glatte Gattenstirn in Falten legt? Oder reden sie sich ein, sie müssten die Verantwortung dafür übernehmen, dass immer eine kleine Köstlichkeit für den Ehemann auf dem Herd steht, egal, wann er nach Hause kommt?

Besteht das Glück darin, dass die kleinen Sonnenscheinchen rechtzeitig im Bettchen schlummern, ruhig, pflegeleicht, damit die Nerven des Angetrauten geschont werden, so nach dem Motto: »Hauptsache, ihm geht es gut, dann geht es auch mir (als Frau) gut.« Das soll Frauen mindestens 20 Jahre lang glücklicher machen, als einen Beruf zu haben, an dem man Spass hat? Das soll glücklicher machen, als zum Beispiel Verantwortung für Mitarbeiter zu übernehmen? Als eigenes Geld zu verdienen? Als ein eigenständiger Mensch zu sein?

An diese Ausschließlichkeit konnte ich nicht glauben. Ich fragte mich: »Was ist denn überhaupt Familie? Vater plus Mutter plus Kinder? Und was bedeutet Familie? Dass die Frau sich um die Kinder kümmert? Ums Essen? Um die Hausaufgaben? Um den Kindergartenplatz? Um die Bekleidung? Um die liebevolle Zuwendung? Um den gepackten Koffer des globalisierten Familienvaters? (Welcher sich rückenfrei um seine Karriere kümmern muss, da er ja eine Familie zu versorgen hat...)«

So klang in meinen Ohren nach, was der Bankfilialleiter gesagt hatte (»Die Frauen möchten sich doch eher um ihre Familie kümmern und nicht so viel Verantwortung übernehmen«). Daraufhin habe ich viele Interviews geführt und Frauen gefragt: »Ist das eure Vorstellung?« Heraus kam ein eindeutiges »Jein«!

Natürlich wollten die wenigsten Frauen ausschließlich das ohnehin schon tadellose Heim ständig noch mehr auf Vordermann bringen. Natürlich wollten die meisten Frauen eine sinnvolle Aufgabe. Natürlich kannten sie Sätze wie: »Liebling, ich habe nichts dagegen, wenn du dir eine Aufgabe suchst, solange zu Hause alles in Ordnung ist.« Das heißt übersetzt: »Ich will meine Ruhe! Egal, wann ich nach Hause komme, ich will keinen Stress mit einer abgehetzten Ehefrau und nicht über den Staubsauger stolpern. Aber sonst – selbstverständlich.«

So, jetzt beginnt der Spagat. Was wollen Frauen wirklich? Sowohl Familie als auch Beruf. Gut. Das ist eine klare Entscheidung. Aber nun ist Genialität gefragt, um Mann, Job und Kinder unter einen Hut zu bringen. Das setzt folgende Eigenschaften voraus:

1. Außerordentliches Organisationstalent
2. Weitblick
3. Mut
4. Absolute Selbstständigkeit bei Entscheidungen
5. Gefühl
6. Verantwortung
7. Anpassungsvermögen
8. Minutiöse Planungsfähigkeit

Wer über all diese Eigenschaften verfügt, vollbringt logistische Meisterleistungen! Es sind alles Eigenschaften, die eine gute Führungskraft ausmachen. Vielleicht sollten Männer in Führungspositionen mal ein Jahr lang einen Vier-Personen-Haushalt »geschmissen« haben, um dadurch die Qualifikation zum Erklimmen der nächsten Karrieresprosse zu erlangen.

Spinnen wir den Faden weiter: Sie haben einen Job gefunden und sind glücklich, aus dem Haus zu kommen. Es ist wirklich nur eine »kleine Aufgabe« – halbtags im Callcenter. Nette Kolleginnen, eine ganz gute Bezahlung; es ist nicht die Welt, aber es reicht für ein Paar neue Schuhe. Die Arbeit macht Ihnen Spaß, das Unternehmen wächst und wächst und plötzlich wird die Bitte an Sie herangetragen, doch demnächst den ganzen Tag zu kommen. Sie würden es gerne tun und besprechen das Angebot mit Ihrem Mann. Selbstverständlich ist er damit einverstanden, wenn sich zu Hause nichts ändert (das soll heißen: »Wehe, du versuchst mich in den Haushalt mit einzubinden!«). Sie versprechen, dass alles beim Gewohnten bleibt und es dem geliebten Ehemann auch fürderhin an nichts fehlen wird. Überglücklich sagen Sie zu.

Es geht ein Jahr lang ganz gut. Sie haben sich so blendend organisiert, dass Sie die 40-Stunden-Woche plus Versorgung von Ehemann und Kind plus Hauspflege plus Freizeitgestaltung einigermaßen auf die Reihe bekommen haben. Im Unternehmen sind Sie informell zur stellvertretenden Gruppenleiterin aufgestiegen, da man Ihre ruhige, besonnene, kompetente Art schätzt.

Sie merken langsam, wie erschöpft Sie sind – aber Sie sind noch jung, da wird der nächste (selbstverständlich von Ihnen geplante) Urlaub eine Menge Erholung bringen. Schließlich ist es wichtiger, dass Ihr Mann Karriere macht, denn er ist der Hauptemährer der Familie.

Das sehen auch die Versicherungsunternehmen so, denn nach seinem Gehalt wurden alle Grundversorgungen ausgerechnet. Seine Lebensversicherung (mit Ihnen als Begünstigte eingeschlossen. Merken Sie, in welch eingefahrenen Rillen wir Frauen festhängen? Entweder schaffen wir den Spagat zwischen Familie und Beruf irgendwie, oder wir müssen uns für eins von beidem entscheiden. Und hier beginnt das Dilemma!

Obwohl Sie über einen langen Zeitraum genial funktionieren, ohne dabei den Spaß am Leben zu verlieren, lässt irgendwann die Kraft nach. Sie fühlen sich ausgebrannt und erschöpft. Sie reagieren zu Hause mehr und mehr gereizt und Ihre Partnerschaft leidet darunter. Das macht Ihnen ein schlechtes Gewissen, denn Sie geben selbstverständlich sich selbst die Schuld daran. Schließlich darf nichts zu kurz kommen. Es darf nicht geschlampt werden (das verhindert Ihr Perfektionismus). Vor lauter Überforderung merken Sie gar nicht, *was Sie alles leisten*! Sie haben gar keine Zeit, darüber nachzudenken.

Sollen wir die Punkte einmal auflisten? Nur die Standard-Aufgaben? Die ganz unspektakulären, selbstverständlichen? Also: Morgens leise aufstehen, duschen, anziehen, schminken, Kaffeemaschine anwerfen, Mann und Kind wecken, Hund rauslassen und füttern, Frühstück machen. Gemeinsam frühstücken, Aufgaben delegieren (wie zum Beispiel: Wer mäht wann den Rasen oder bringt endlich die neue Lampe im Hausflur an?), noch ein wenig Verständnis für das schulmuffige Kind hegen, das dumpfe Schweigen des Ehemannes ertragen (er hat wieder mal Ärger im Job), den Tisch abräumen, Geschirr und Lebensmittel verstauen (das hat man schneller selbst erledigt). Mann und Kind verabschieden, Wäsche sortieren, Waschmaschine füllen, Restklamotten für die Reinigung bereitlegen. Parallel überlegen, welches Essen heute auf den Tisch kommt. Nach zündender Idee Speiseplan und Einkaufsliste erstellen. Dann schauen, ob alle Fenster geschlossen sind, Autoschlüssel suchen, Handtasche und Reinigungsbeutel schnappen, ab ins Auto und in die Firma. Und jetzt können Sie ganz relaxt mit der Arbeit beginnen! Sind wir Frauen nicht genial?

Am Ende des Arbeitstages müssen Sie dann noch schnell einkaufen, heimfahren, kochen, warten, essen, verständnisvoll den dürren Informationen Ihres Gatten lauschen und bügeln (das Hemd wird ja morgen benötigt). Auf den Versuch, über ein paar häusliche Themen zu sprechen, zum Beispiel über die Anschaffung dringend benötigter neuer Vorhänge, bekommen Sie zur Antwort: »Liebling, das überlasse ich deinem guten Geschmack« (soll heißen: »Lass mich mit einem solch banalen Käse in Ruhe«). Geht es um ein paar Tage gemeinsamen Urlaubs, lautet die Antwort: »Du weißt doch, dass bei uns gerade die Luft brennt« (soll heißen: »Wie kannst du überhaupt eine so überflüssige Frage stellen?«). Auch der Versuch, ein Problem in der Firma mit dem Management-Erfahrenen zu besprechen, scheitert daran, dass er liebevoll rät: »Lass dir doch nicht so viel gefallen« und das Thema beendet. Tja, da könnten einem manchmal die mörderischsten Gedanken kommen...

Mir wurde schnell klar: An der Verantwortung liegt es nicht, dass Frauen nicht in Führungspositionen wollen. Die können sie sehr leicht übernehmen und tun es auch gern. In den Interviews stellte sich heraus, was sie nicht wollten: Sie wollten sich nicht den typisch »männlichen« Verhaltensweisen und Geschäftsgebaren unterordnen, wie zum Beispiel Gefühllosigkeit, Machtanspruch oder verbale Grobheit.

Wie oft begegnen mir Frauen in Seminaren, die den Angestellten-Status aufgegeben haben, um sich selbstständig zu machen. Sie waren bereit, es mit allen auftauchenden Risiken aufzunehmen und den Wunsch nach einer Familie erst einmal zurückzustellen, um zwölf bis sechzehn Stunden pro Tag zu arbeiten!

Die Tücken der Selbstständigkeit

Was *alle* Frauen mit überraschender Übereinstimmung sagten, war Folgendes: Sie brauchten am Anfang jemanden, der sie unterstützte in ihrer frischen Selbstständigkeit. Oft starteten die Unternehmen zu zweit, also mit einem Geschäftspartner (oft war es der eigene Lebenspartner), welcher sich dann nicht mitentwickelte oder in eine andere Richtung und später häufig als »Flop« empfunden wurde. Oder es waren die Eltern, die anfangs einen großen Einfluss nahmen, oder gute Freunde mussten mit »gutem Rat« herhalten. Im Grunde war ständig jemand um die Selbstständigen herum, der *mitquatschen* konnte, sollte oder musste. Erst nach und nach verstärkte sich das Bedürfnis nach völliger Entscheidungsfreiheit. Das hatte zur Folge, dass Partnerschaften zerbrachen oder Lebensgemeinschaften sich auflösten und die Konzentration auf die eigene Firma kaum neue Liebesbeziehungen mehr möglich machte.

Keiner der potenziellen Lebenspartner hatte Verständnis dafür, dass die Liebste erst nach 22 Uhr abgehetzt zum Rendezvous erschien. Keiner ließ sich gern gefallen, dass die geplante Liebesnacht wegen beruflicher Verpflichtungen ins Wasser fiel. Auch war weit und breit niemand auf der Bildfläche zu finden, der anbot, regelmäßig das Abendessen zu kochen, die Spülmaschine zu füllen, zu putzen, den Koffer für die Geschäftsreise am nächsten Morgen zu packen, zu waschen, zu bügeln, morgens immer das Frühstück zu bereiten und aufmerksam zuzuhören. Das taten oder tun die selbstständigen Frauen alles selbst oder sie organisieren sich bezahlte Haushaltshilfen.

Nur das Zuhören, das müssen Freundinnen übernehmen. Dies wiederum birgt eine neue Gefahr in sich, nämlich die Überforderung der Freundin, welche sich in Sätzen wie den folgenden äußern kann: »Du kannst ja leicht selbstständig sein. Da du allein lebst, ist es ja nicht so schlimm,wenn du scheiterst, denn du hast ja keine Familie, auf die du Rücksicht nehmen musst.«

Hat man einen Partner, dann hört man folgenden Satz von denselben guten Freundinnen: »Du kannst dir die Selbstständigkeit ja nur leisten, weil du einen Partner hast, der dir im Zweifelsfall unter die Arme greift.«

Hier haben wir das nächste Dilemma: Neid, Unverständnis, Missgunst und so weiter. Und sogar aus den »eigenen Reihen« wird angezweifelt, dass wir alles aus eigener Kraft schaffen. Und das ist eine schwierige Startposition, weil wir uns immer wieder gern rückversichern möchten, ob alles so richtig ist, wie wir es machen. Z. B. Christina zu Salm, Chefin des relativ neu aus der Taufe gehobenen Senders 9 live, erzählt unbefangen in einem Interview, sie würde jeden Tag ihr3e Freundin anrufen, eine »normale Hausfrau«. Sie würde den Kontakt brauchen, um sich wenigstens einmal am Tag mit jemandem Vertrauten unterhalten zu können.

Alles Gesagte trifft übrigens auch auf Frauen zu, die zum Beispiel nach dem Studium sofort in die Karriere-Spirale eingesogen wurden; sie haben ungefähr die gleichen Voraussetzungen. Z.B. Christina zu Salm, Chefin des relativ neu aus der Taufe gehobenen Senders *9 live,* erzählte unbefangen in einem Interview, sie würde jeden Tag ihre Freundin anrufen, eine »normale Hausfrau«. Sie würde den Kontakt brauchen, um sich wenigstens einmal am Tag mit jemandem Vertrauten unterhalten zu können.

Was uns Frauen das Karriere-Leben richtig schwer machen kann, ist der Kampf mit unserem Harmoniebedürfnis. Es verhindert Konfliktbereitschaft, den Mut zur Auseinandersetzung und dass Sie klar Position für sich selbst beziehen. Also brauchen wir Zustimmung, Anerkennung, Bewunderung, Hilfestellung, Bestätigung. Werden wir in diesen unseren »Grundbedürfnissen« kaltgestellt, leidet unser Selbstwertgefühl – was den beruflichen Erfolg ernsthaft gefährden kann.

Okay, die Warnung ist angekommen. Vielleicht gründen wir doch lieber eine Familie, dann können *wir* zu den »Karriresüchtigen« sagen: »Du kannst ja leicht selbstständig und karrieregeil sein, du hast ja keine Familie, auf die du Rücksicht nehmen musst.« Und wir schauen dabei mutterglücklich aus der Wäsche.

Sofort taucht bei der Karrierefrau die Sorge auf, sie könnte etwas Gravierendes in ihrem Leben falsch gemacht haben – indem sie sich gegen Partner und Kinder entschied. Es schleicht sich eine unbestimmte Sehnsucht ein, nach einem Partner, nach einem Baby... ach Gott, und schon folgt die Überlegung, doch den Spagat zwischen Familie und Karriere zu versuchen. Schließlich haben sich die modernen Männer verändert und halten Hausarbeit nicht mehr für ein erholsames Dauer–Kaffeekränzchen!

So, jetzt haben wir schon zwei mögliche Karrierehemmer: 1. Wir wollen unser (unbewusstes) Harmoniebedürfnis befriedigen und 2. nicht endgültig auf Familienglück verzichten. *Gibt es deshalb so wenige Frauen an der Spitze?*

Gibt es Auswege aus dem Dilemma?

Egal, wofür Frauen sich entscheiden: Es ist eine Entscheidung von eminenter Tragweite. Und glauben Sie wirklich, dass junge Frauen eine solche Entscheidung überhaupt fällen können? Ich glaube, eher nicht. Und haben wir uns dann mit Mühe und Not – oder aus dem Gefühl großer Liebe heraus – für die Familie entschieden, dann nehmen wir es uns übel, wenn wir irgendwann eine Kursänderung in den Beruf wünschen.

Viele Frauen erzählen mir, dass ihre gut situierten Ehemänner auf den späteren Berufswunsch mit dem Satz reagieren: »Das hättest du dir *vor* den Kindern überlegen müssen.« Nur so erklärt sich die Unflexibilität in der Wirtschaft. Einmal für einen Standort entschieden – Entscheidung für immer! Einmal für einen Beruf entschieden – Entscheidung für immer.

Einmal für einen Konzern entschieden – Entscheidung für lange Zeit. Mein geschiedener Mann meinte, (wir waren gut befreundet, ich lag ihm nicht auf der Tasche) als ich mich für meinen dritten Beruf entschied: »Wie kann man denn nur so inkonsequent sein?« Ich war damals entsetzt über seine Reaktion, denn ich hielt mich für außerordentlich mutig und flexibel. Für alles andere als inkonsequent.

Fühlen wir Frauen uns schuldig, wenn wir unsere Lebensplanung korrigieren? Gelten wir als wankelmütig, nur weil wir uns nicht jahrzehntelang an eine einmal getroffene Entscheidung klammern? Männer haben »den Rücken frei«; sie können Entscheidungen treffen, als ob sie nur sie selbst betreffen würden, denn ihre Frauen tragen die meisten Entscheidungen mit.

Bemerken Sie die Brisanz? Wir Frauen sollen die gravierendste Lebensentscheidung in jungen Jahren für ewige Zeiten treffen (denn die Verantwortung für die Kinder bleibt uns auch nach der Scheidung) und fühlen uns schlecht, wenn wir im Laufe der Jahre eine Veränderung in Richtung Berufsleben wünschen. Nein, das kann nicht gut gehen.

Ein weiterer Aspekt: Wenn Sie als junge Frau ins Berufsleben einsteigen, können Sie davon ausgehen, dass *Sie* die guten Jobs eher nicht bekommen, denn welches Unternehmen will schon einen eventuellen Mutterschutz finanzieren? Der Gedanke »Mal sehen, was so kommt« bremst Ihre Karriere. Erst wenn Sie sich klipp und klar vom Kinderwunsch distanziert haben, erhöht sich eventuell die Chance, den interessanten Posten zu ergattern. *Eventuell!* Es kann aber auch sein, dass das Unternehmen Ihrer Wahl Ihnen nicht glaubt und deshalb lieber einen Mann einstellt. Alles natürlich hinter vorgehaltener Hand, denn offiziell dürfen Frauen nicht wegen ihrer Fähigkeit zu gebären diskriminiert werden.

Es gibt wohl keine Patentlösung. Es handelt sich um so gravierende und ins Leben einschneidende Entscheidungen, dass sie nicht aus dem Ärmel geschüttelt werden können. Und vor allem: Es sind keine sachlichen Entscheidungen, sondern Entscheidungen, welche hauptsächlich auf Grund von Gefühlen getroffen werden und auch nur auf Gefühlen aufgebaut werden können. Und dann wird uns Frauen immer wieder vorgeworfen, dass wir zu gefühlsbetont seien. Tja, wenn Gefühle sich problemlos ein- und ausschalten ließen... Ob das Leben dann leichter wäre? Apropos Männer und Gefühle: In dem hochinteressanten Buch »Kostenfaktor Angst« von Pause/Stegmann begegnet mit zum ersten mal der Begriff »Alexithymie«, die Reduktion der Fähigkeit, Gefühle zu empfinden, – sehr stark ausgeprägt bei »Kopfmenschen«. Glauben Sie ernsthaft, dass ein Kopfmensch in der Lage ist, die Tragweite einer solchen Lebensentscheidung (Kinder, Beruf oder Karriere) ausschließlich über die Vernunft zu erkennen, zu spüren? Denn diese Entscheidung lässt sich nicht mittels einer mathematischen Formel errechnen. Männer (Personalchefs, Firmeninhaber, Ehemänner) erwarten allerdings von Frauen, dass sie diese Fragen im Griff haben.

Ich ziehe ein Fazit: Wir können eine solche Entscheidung nur vom gegenwärtigen Standpunkt aus treffen. Ob sie in zwei, fünf oder zehn Jahren noch gültig ist, steht in den Sternen und hängt von unseren Lebensumständen ab.

Wenn unsere Partner Entscheidungen treffen, dann meist »nur« darüber, welcher Job das beste Sprungbrett für ihre Karriere ist. Uns hingegen wird Wankelmütigkeit vorgeworfen und mangelndes Verantwortungsgefühl sowie Entscheidungsschwäche, wenn wir unsere Lebensplanung nicht zügig betreiben.

Und inzwischen halten wir solche Vorwürfe sogar für berechtigt, wird uns doch täglich vorgeführt, wie »geradlinig«

Männer ihren Weg gehen, ihre Ausbildung bzw. ihr Studium planen und meistens schon eine sehr klare Vorstellung von ihren zukünftigen Karriereschritten haben. Der Rest – Frau, Kinder, Wohnort – regelt sich am Rande mit, unterstützt von uns Frauen, die ihre Männer von lästigen Details befreien.

Lösungsidee:

Wir Frauen müssen *heraus* aus der Bewertungsspirale. Es darf in Zukunft kein *besser* oder *schlechter* mehr geben. Es ist definitiv nicht *schlechter*, Hausfrau zu sein, wenn es uns Spaß macht! Vorausgesetzt, wir sichern unsere Zukunft ab. (Also muss ein Ehevertrag her – bei allem Verständnis für die Abneigung gegen diesen Gedanken.) Und es ist keinesfalls *besser*, einen Job nur um des Jobs willen zu haben.

Das Motto »Ich bin ohne Mann nichts wert« darf unbedingt verschwinden und ebenfalls das Motto »Ich bin ohne Job nichts wert« sowie Motto Nummer drei »Ich bin ohne Doppelbelastung nichts wert«. Aus diesen Denkmustern erwächst Unsicherheit und daraus wiederum die extrem ausgeprägte Sehnsucht nach Verständnis, Bestätigung und Harmonie. Wir lassen uns sehr leicht ein schlechtes Gewissen einreden! Und geben die Schuld daran den Männern!

Doch halt! Wenn wir Dinge tun, die wir *gerne* tun, dann brauchen wir dafür keine Bestätigung. Tun wir allerdings etwas nur unserem Angebeteten, Chef oder Kollegen zuliebe, dann warten wir sehnsüchtig auf das Lob dafür. Meistens wissen die anderen aber gar nicht, dass wir uns gerade wieder einmal für sie aufgeopfert haben.

Und das ist der springende Punkt: Wenn Sie sich also beispielsweise Ihrem Chef zuliebe für Überstunden entschieden haben, dann stehen Sie bitte zu Ihrer Entscheidung als

ob es Ihre eigne Idee gewesen wäre. Denn in dem Augenblick, wo Sie Ja sagen, hat es nichts mehr mit dem anderen zu tun! Er ist lediglich der Impulsgeber gewesen.
Jetzt werden Sie sagen: »Aber ich wollte doch überhaupt keine Überstunden machen. Ich habe es nur getan, weil ich mich vor Repressalien gefürchtet habe.«
Im Grunde ist es völlig gleichgültig, warum Sie Ja gesagt haben: Sie machen sich das Leben leichter, wenn Sie zu dieser Entscheidung stehen. Das wird in letzter Konsequenz dazu führen, dass Ihre Selbstachtung wächst und Sie sich immer besser fühlen.

2. Kapitel: Die neue Chefin

Beziehungssprache kontra Berichtsprache

Sie haben sich also entschieden: Die nächsten paar Jahre gehören Ihrer Karriereplanung und dem Unternehmen. Sie nehmen das Angebot Ihres Vorgesetzten an, Chefin der Buchhaltung zu werden. Das bedeutet Führungsverantwortung für zwölf Kollegen, acht weibliche und vier männliche. Sie freuen sich über das Vertrauen, das Ihr Vorgesetzter Ihnen entgegenbringt.

Sie kommen aus dem Chefbüro zurück und alles schaut Sie erwartungsvoll an – man versucht in Ihrem Gesicht zu lesen, wie die Besprechung ausgegangen ist. Ein begeistertes Nicken Ihrerseits und schon macht die frohe Kunde die Runde: »Sie wird unsere neue Chefin!« Die Kolleginnen löchern Sie und wollen Details wissen. »Was hat der Chef genau gesagt, wie hat er dabei geguckt, was hast du dann geantwortet und wie hat er darauf reagiert?« »Ja...« – und jetzt kann Sie nichts mehr halten.

Sie erzählen von dem angenehmen Gespräch mit Ihrem Chef; Sie berichten, dass er Sie deshalb ausgewählt habe, weil er den Eindruck hatte, dass Sie von allen Kollegen respektiert würden, weil er mit Ihrer Arbeit sehr zufrieden sei, dass Sie seine Erleichterung gespürt hätten uber Ihre Zusage und so weiter. Wes das Herz voll ist, des geht der Mund über. Alle freuen sich mit Ihnen und Sie haben keine Zweifel daran, dass es die richtige Entscheidung war, Ja zu sagen.

Die vier männlichen Kollegen sind etwas zurückhaltender in ihrer Freude, gratulieren Ihnen herzlich, beteiligen sich aber nicht oder kaum an der Fragerunde.

Jetzt ist die weibliche Seele glücklich und zufrieden. Und hier ist auch die erste Gesetzmäßigkeit zu erkennen: *Frauen sprechen in Erzählform, in der Beziehungssprache* (Rapport-Talk; nach der Sprachwissenschaftlerin Deborah Tannen).

Sie berichten über Gefühle, Eindrücke, lassen Vermutungen mit einfließen (oft indirekt, wie zum Beispiel die vermeintliche Erleichterung Ihres Chefs) und schildern sehr ausführlich die Stimmung und das Gesprächsklima.

Wie geht's jetzt weiter? Da Sie auf dieser Hierarchiestufe meistens noch einen Lebenspartner haben, versuchen Sie ihn sofort anzurufen, um auch ihn an Ihrem Glück teilhaben zu lassen. Leider ist er nicht erreichbar. Aber heute Abend!

Sie kaufen schon mal eine Flasche Schampus und kochen etwas besonders Leckeres. Es macht Ihnen keine Mühe, denn Ihre Glückshormone verleihen Ihnen besondere Kräfte. Da ist schnell vergessen, dass der Tag ansonsten extrem stressig war, weil das ganze Computersystem mal wieder zusammengebrochen ist.

Der Tisch ist festlich gedeckt, die Kerzen brennen, die Speisen duften, Sie strahlen mit dem geputzten Silber um die Wette, Ihr Schatz kommt und Sie überfallen ihn mit der Mega-Neuigkeit.

Er nimmt wie selbstverständlich am gedeckten Tisch Platz, lässt sich auftischen und fängt ganz normal an zu essen. Sie, immer noch erfüllt von dem Ereignis (schließlich ist das Ihre erste richtige Beförderung!), bekommen kaum einen Bissen hinunter und erzählen und erzählen.

»Stell dir vor, auch die Kolleginnen sind alle begeistert, selbst die Gerda Schuster hat gelächelt. Du weißt doch, das ist die, die sonst nie eine Miene verzieht. Ja, die Manja war auch nicht beleidigt, obwohl ich da die größten Bedenken hatte, denn irgendwie hatte ich das Gefühl, dass sie den Posten wollte...«

Ihr Liebster schaut Sie an, unterbricht Sie und sagt dann ganz freundlich: »Schatz, dein Essen wird kalt.« Wir stehen in solchen Momenten kurz vor einem Mord, aber die männliche Hälfte der Bevölkerung hat keine Ahnung, warum wir so sauer sind. Warum ist das so?

Frauen haben das tiefe Bedürfnis, sich mitzuteilen, sie möchten in ihrer Freude verstanden werden und über dieses Verstandenwerden brauchen sie eine klare Rückmeldung, die da heißen könnte: »Ich freue mich mit dir; schön, dass du es geschafft hast. Ich finde, dass du diese Beförderung schon lange verdient hast. Dein Chef hat eine gute Wahl getroffen. Man merkt dir richtig an, wie viel dir die Zustimmung deiner Kolleginnen bedeutet. Ich kann mir vorstellen, dass das eine gute Grundlage für eure zukünftige Zusammenarbeit ist.«

Und wenn Sie dann auch noch spüren, dass sich der Liebste tatsächlich mit Ihnen freut, dann steht einer glücklichen Zukunft nichts mehr im Wege. Dass Sie ein solch wichtiges Ereignis natürlich am liebsten dem Menschen mitteilen, der Ihnen im Leben am nächsten steht (also Ihrem Partner), liegt in der Natur der Sache.

Männer agieren bei Beförderungen ganz anders und sind deshalb gar nicht in der Lage nachzuvollziehen, wie sie in der eben geschilderten Situation hätten reagieren müssen. Das ist der Schlüssel für viele private und berufliche Missverständnisse.

Spielen wir die Reaktion eines Mannes mal durch. Fangen wir an, als er aus dem Büro seines Chefs kommt und ihn die Kollegen erwartungsvoll anschauen. Er hebt kurz den Daumen und kehrt zu seinem Arbeitsplatz zurück. Erst bei genauem Hinschauen ist ihm anzusehen, dass es ihm nicht egal ist; daraus kann man schließen, dass er sich sogar freut.

Kollegen kommen zum Gratulieren und insistieren ein wenig, um Näheres zu erfahren: »Ab wann bist du denn unser Chef? Hast du auch eine Gehaltserhöhung bekommen? Kriegst du jetzt einen neuen Dienstwagen?« und so weiter. Noch ein wenig Schulterklopfen und das war's dann.

Zu Hause, abends, die kurze sachliche Mitteilung, ab jetzt Abteilungsleiter der Buchhaltung zu sein, dann die Freude der Gattin über sich ergehen lassen und dann wieder ganz »normal« sein. Auch hier gibt es eine Gesetzmäßigkeit: *Männer sprechen in der Berichtsprache* (Report-Talk).

Vielleicht habe ich das Ganze ein wenig überspitzt geschildert, aber so kommt der Unterschied im Verhalten beider Geschlechter deutlicher zum Vorschein.

Immerhin: Männer nehmen solche Ereignisse eher sachlich, Frauen eher persönlich. Männer machen solche und andere Ereignisse mit sich selbst aus, Frauen suchen das Gespräch. Männer bewerten den ersten und jeden folgenden Karriereschritt als etwas Selbstverständliches, Frauen sehen darin etwas Besonderes.

Ein Beispiel aus meiner Praxis: Ich hatte einen Vorstellungstermin bei einem großen deutschen Geldinstitut. Sie suchten einen neuen Rhetorik-Trainer oder eine -Trainerin. Ich kam in die engere Auswahl und fuhr nach Frankfurt zu den Entscheidern in der Personalabteilung.

Das Gespräch verlief angenehm, die Modalitäten waren schnell geklärt – alles sah so aus, als würde ich den Zuschlag erhalten. Ich freute mich sehr!

Im Zug zurück nach München klingelte mein Handy und meine Geschäftspartnerin erkundigte sich nach dem Stand der Dinge. Ich – immer noch hoch beglückt – erzählte ihr in Kurzform den Inhalt des Gespräches, meinen Eindruck, die ausgehandelten Modalitäten, meine Freude und so weiter.

Ein paar Tage später kam die schnöde Absage (per E-Mail) ohne Begründung. Man habe sich gegen mich entschieden, hieß es lapidar. Mit wurde noch ein schönes Weihnachtsfest gewünscht, was ich als Hohn empfand.

Da ich mir sicher war, dass die Absage nicht auf Grund unserer Begegnung in Frankfurt erfolgt sein konnte, fragte ich nach. Die Begründung lautete: Im Zug hatte ein Mitarbeiter dieser Bank zufällig mein Telefonat mitgehört und das Ganze der Personalabteilung berichtet.

Mir wurde während dieses Gesprächs unmissverständlich klar gemacht, dass mein unbotmäßiges Telefonier-Verhalten im Zug das Vertrauen der Zielgruppe in die Trainerin (also in mich) erschüttern würde.

Da immer noch meistens Männer darüber befinden, was richtig oder falsch ist (in diesem Falle ein junges Bürschchen), haben wir Frauen mit unserer Art zu leben (aus männlicher Sicht) ein Problem – warum müssen Frauen auch immer quatschen! Hätte ich meinen Erfolg mit mir selbst ausgemacht, hätte ich einen neuen Auftrag in der Tasche gehabt. So einfach ist das.

Der mittlerweile zu ungeahntem Ruhm gelangte John Gray stellt in seiner »Beziehungs-Bibel« »Männer sind anders. Frauen auch« die These auf: Frauen kommen von der Venus, Männer vom Mars.

Die Frauen lebten deshalb auf der Venus glücklich und zufrieden, weil sie sich ausnahmslos über Gespräche, Unterhaltung und Miteinandersein definierten. Sie nahmen intensiven Anteil am Leben anderer, hatten Verständnis füreinander, respektierten sich so, wie sie waren, und unterstützten sich gegenseitig. Sie verloren nie ihre Neugierde und entdeckten dadurch immer wieder neue und spannende Lebenskomponenten. Kommunikation war auf der Venus der Lebensinhalt.

Auf dem Mars ging es ganz anders zu: Männer – stumm, stark, muskulös, logisch, forschend, intelligent – hatten keine Lust, eben genannte Ressourcen ungenutzt verkommen zu lassen. Daher nutzten sie ihrer Hände Kraft und bauten ein Raumschiff. Denn ihre Intelligenz ließ sie zu dem Schluss gelangen, dass es auf der Venus auch Lebewesen geben musste. Diese galt es zu entdecken, das gebot ihnen ihr Forschergeist.

Und siehe da, sie hatten Recht. Eines Tages landeten sie auf der Venus und waren von den dortigen Wesen ganz angetan. Dennoch war es für sie unvorstellbar, dass die Venusianerinnen nie den Wunsch hatten, den Mars zu entdecken, sondern dass sie sich selbst genug waren.

Und so fingen die Marsianer an zu missionieren, zum Beispiel mit der Einstellung, dass nur »etwas tun« Sinn mache. Sie beeindruckten durch ihr Schweigen, ihre Stärke, ihre Männlichkeit und nicht zuletzt durch ihre bewiesene Intelligenz (sonst wären sie ja nicht zur Venus gelangt).

Ja, bald überwog der Reiz des Unbekannten und man konnte nicht mehr voneinander lassen. Drum suchten sie einen Planeten, um dort gemeinsam ein neues Leben anzufangen, und entdeckten die Erde.

Seitdem tragen Männer immer noch die »Handwerkermütze« (das Heißt, sie geben immer Ratschläge) und Frauen unterhalten sich immer noch über die Erkenntnisse des Lebens.

Nun ging es um Neuorientierung – was sollte zum Lebensinhalt der gemischten Gruppe werden? Kommunikation oder Tätigsein? Man einigte sich aufs Geldverdienen. Deshalb wurde die männliche Kraft und Intelligenz wieder einmal dazu benutzt, Häuser zu bauen, Firmen zu gründen und Menschen für sich arbeiten zu lassen.

Da die Venusianerinnen sich ihre Neugierde bewahrt hatten, ließen sie sich gern anstellen und sorgten von Stund an für reibungslose Abläufe. Und wenn sie nicht gestorben sind...

Zündstoff für Konflikte liegt in den elementar unterschiedlichen Lebenseinstellungen von Männern und Frauen. Wenn Berichtsprache auf Beziehungsprache trifft, reden die Menschen aneinander vorbei. Das macht sie wütend und schürt Rachegedanken.

Lösungsidee:

> Wir Frauen müssen einige Vorurteile ausrotten, etwa dass nur ein Mensch, der eine Bohrmaschine bedienen kann, auch ein richtiger Mensch ist. Und dass er mit dieser Fähigkeit automatisch die Urteilsfähigkeit darüber erlangt, ob Beziehungssprache (Quatschen) überflüssig ist oder nicht.
>
> Denn was des einen Manko ist (zum Beispiel Gefühle auszudrücken), das wird beim anderen kurzerhand als überflüssig bewertet.
>
> Wie ich finde, hat John Gray gute Vorarbeit geleistet für die Beantwortung der Frage: »Worin unterscheidet sich das Wesen des Mannes vom Wesen der Frau?«
>
> Jetzt sagen Sie vielleicht: »Ich möchte etwas über Führen wissen; was interessiert mich eine Bohrmaschine.« Sie haben ja Recht, es würde wohl niemanden interessieren, wenn sich nicht aus diesem Synonym für Macht quasi die Mechanismen des Arbeitslebens ableiten ließen.

Die Kompetenz-Erteilung

Falls es aus taktischen Gründen geheim gehalten wurde, dass Sie die neue Chefin werden, ist die Überraschung am 1. April natürlich riesig. Hierbei ist es ganz entscheidend für Ihre zukünftige Akzeptanz bei den Exkolleginnen und -kollegen, wie deutlich und klar Sie in Ihre neue Aufgabe eingeführt werden.

Angenommen, Ihr Vorgesetzter lässt nur ein paar beiläufige Worte fallen, wie: »So, hier stelle ich Ihnen Ihre neue Chefin vor. Sie wissen ja, ihr Vorgänger Herr Körner ist in den wohlverdienten Ruhestand gegangen. Wir werden ihn alle vermissen, denn er hat ja gute Dienste geleistet. Aber ich denke, mit Frau Vera Schöner haben wir eine würdige Nachfolgerin, auch wenn nicht alles beim Alten bleibt. Sie kennen sich bereits alle, daher wird es keine Probleme geben. Also, Frau Schöner, ich zähle auf Sie – Hals- und Beinbruch.«

Die Exkollegen stehen da wie vom Donner gerührt und keiner sagt etwas. Sie versuchen, nachdem der Chef gegangen ist, die Stimmung etwas aufzulockern, indem Sie ein paar nette Worte stammeln: »Na ja, einer musste es ja machen, aber im Prinzip bleibt alles beim Alten., bis auf ein paar Veränderungen vielleicht...«

Jetzt kommen die ersten verbalen Reaktionen: »Du hättest uns ruhig was sagen können – so eine Geheimniskrämerei...« Oder: »Dann können wir ja so weitermachen wie bisher – wenn sich sowieso nichts ändert« und die Gruppe löst sich auf.

Wenn eine gründliche und deutliche Einführung fehlt, werden Sie sich alles mühsam selbst erkämpfen müssen. Vor allem, wenn bei Ihrem Vorgänger beispielsweise die Urlaubspläne mit der Personalabteilung besprochen wurden und das ab jetzt Ihre Aufgabe ist oder wenn ein anderes Procedere sich verändert hat.

Es wird von den Exkolleginnen und -kollegen nur äußerst mühsam – wenn überhaupt – akzeptiert, wenn Sie Neuerungen Schritt für Schritt selbst einführen müssen. Diese Schwierigkeit können Sie sich ersparen.

Zündstoff für Konflikte kann sich daraus ergeben, dass die Gruppe die *plötzlich* überraschend vor ihre Nase gesetzte

Chefin nicht akzeptiert und beispielsweise die Urlaubspläne bei der Personalabteilung einreicht. Oder sie ignoriert Anweisungen und an Mitarbeiter delegierte Arbeiten, nach dem Motto: »Die hat uns überhaupt nichts zu sagen.«

Lösungsidee:

Hier fehlt die deutliche Kompetenzerteilung. Bitte dringen Sie darauf, falls Sie auf die Art der Einführung Einfluss haben, dass Ihr Vorgesetzter den neuen Mitarbeitern unmissverständlich klar macht, was Ihre neue Funktion als Vorgesetzte alles beinhaltet.
So sollte Ihr Vorgesetzter darauf hinweisen, dass in Zukunft die Urlaubspläne mit Ihnen besprochen werden können und die Entscheidung, wer wann geht, bei Ihnen liegt, dass Überstunden von Ihnen genehmigt werden müssen, dass es Ihnen obliegt, das Team für das nächste Projekt zusammenzustellen und so weiter.
Die Gruppe muss wissen, wo Ihre Kompetenzen anfangen und wo sie enden.

Die Gefühle im Kollegenkreis

Da ist sie wieder, die ganze Palette der Emotionen. Und Frauen spüren Gefühle stärker und scheinen sie hemmungsloser auszuleben als die männlichen Kollegen. Außer Wut. Die wird unterdrückt, oder wir richten sie gegen uns selbst. Ausleben werden wir Wut eher nicht, das verhindert die »weibliche Programmierung«, die uns sagt: »Sei ein liebes Mädchen«, »Widersprich nicht«. Sollten wir mal Wut empfinden, meldet sich sofort unser schlechtes Gewissen. Basta! Aber zurück zu unserer Karrieregeschichte:

Es ist immer noch der erste Tag in Ihrer neuen Funktion als Vorgesetzte der Buchhaltung. Nehmen wir an, alle wussten, dass Sie den Posten bekommen. Sie haben die berühmte Flasche Prosecco mitgebracht und stoßen mit den Kolleginnen und Kollegen auf die weitere gute Zusammenarbeit an.

Bei der Gelegenheit erwähnen Sie schon einmal beiläufig, dass sich einige Dinge in Zukunft verändern werden. Aber das wollen Sie morgen früh in der extra einberufenen Mitarbeiterkonferenz besprechen. Jetzt ist erst einmal Feiern angesagt.

Leicht verwundert registrieren Sie, dass die Runde sich (im Gegensatz zu früher) relativ schnell auflöst.

Nun bekommen Sie einen ersten Eindruck davon, wie es sich anfühlt, dass Sie nicht mehr Teil der früheren Mitarbeiter-Gruppe sind, sondern eine neue Rolle eingenommen haben. Eine neue Distanz entwickelt sich.

»Na, das wird sich schon wieder einrenken«, denken Sie. »Wenn ich morgen erst einmal meine neuen Ideen bekannt gegeben habe, werden die schon mitziehen.«

Am Abend, Ihre Mitarbeiter sind schon nach Hause gegangen, sehen Sie an Ihren E-Mail-Nachrichten, dass Sie einem neuen Verteiler angeschlossen sind. Erstaunt entdecken Sie, dass morgen früh überraschend ein Meeting für Abteilungsleiter einberufen wurde, an welchem Sie natürlich in Ihrer neuen Funktion teilnehmen müssen. Schnell schicken Sie eine Mail an Ihre Mitarbeiter und sagen die anberaumte Konferenz wieder ab. So gravierend sind die Neuigkeiten nun auch nicht, sie können ruhig ein paar Tage warten.

Am nächsten Tag, erst gegen Mittag, kommen Sie endlich wieder in Ihre Abteilung. Sie spüren sofort: Hier hat sich etwas verändert. Ihr innerer Seismograph schlägt aus.

Sie gehen in Richtung Ihres früheren Arbeitsplatzes, um die Kolleginnen und Kollegen zu begrüßen, und merken, kaum dass Sie auf der Bildfläche erschienen sind, verstummen augenblicklich die Gespräche.

Sie geben ein paar Erklärungen ab wegen der stornierten Konferenz und rechnen fest damit, dass Ihnen Verständnis begegnet – so wie früher eben. Da haben die Kolleginnen ja auch verstanden, wenn man mal schnell irgendwohin musste, und haben selbstverständlich zum Beispiel das Telefon mitbedient. Jetzt ist ja noch nicht einmal zusätzliche Arbeit entstanden, da die für Sie bestimmten Anrufe auf der Voice-Mail landen.

Trotzdem kommen Sie sich ausgegliedert vor. »Macht nichts«, denken Sie, »wenn die nicht wollen, dann kann ich auch anders« und geben sachlich den neuen Termin für die erste Mitarbeiterbesprechung bekannt.

Schlussfolgerung: Es weht tatsächlich ein neuer Wind – ein viel kälterer. Es wird nichts mehr so sein wie früher. Sie werden nicht mehr in das »Klatschgeschehen« einbezogen. Die Mitarbeiter werden Ihnen gegenüber vorsichtiger sein, denn Sie haben das Lager gewechselt. Was gestern noch kein Problem zu sein schien, ist heute offensichtlich doch eines.

Sie werden nie mehr aufgefordert werden, mal abends auf eine schnelle Pizza mitzugehen, und das vertrauliche Gespräch mit Ihrer Freundin Monika aus der Debitoren-Abteilung wird so wie früher auch nicht mehr stattfinden. So gehen ein paar Wochen ins Land.

Ganz konkret spüren Sie den Unterschied in der Stimmung bei Ihrem Kollegen Markus. Er weicht Ihrem Blick aus, ist noch einsilbiger als sonst und geht neuerdings betont pünktlich nach Hause.

Sie ahnen, dass er Ihren Posten wollte und nun den Beleidigten spielt, weil er ihn nicht bekommen hat. Daher der Dienst nach Vorschrift.

« Na, das kann ja heiter werden«, denken Sie und sprechen ihn bei nächster Gelegenheit auf Ihre Vermutung an. Er aber weist diesen Verdacht weit von sich. So kommen Sie nicht weiter.

Zu Hause hören Sie, Sie sollen nicht so empfindlich sein. In Ihrer Abteilung weichen Ihnen alle aus, wenn Sie das Thema »Was ist hier eigentlich los?« ansprechen.

So haben Sie sich den Aufstieg nicht vorgestellt. Wo ist denn die anfängliche Freude Ihrer Kollegen geblieben?

Andererseits sind nicht alle so negativ eingestellt wie Markus. Im Gegenteil, bei den vier Damen der Kreditoren-Abteilung ist direkt Begeisterung zu spüren, dass Sie die neue Chefin sind. Sie haben schon geäußert, dass es ihnen viel lieber sei, mit Ihnen zu arbeiten, als mit einer fremden Person von außen, welche die Arbeitsabläufe gar nicht kenne.

Und außerdem könnten Sie sich ja viel besser für die Bedürfnisse der Exkollegen einsetzen bezüglich Gehalt, Urlaub, Arbeitszeiten und so weiter. Da lastet also auch noch ein gewisser Erwartungsdruck auf Ihnen.

Ebenfalls seitens der Geschäftsleitung, die Sie mit Argusaugen beobachtet, ob Sie sich aus der Rolle der »besten Freundin« befreien können.

Monika ist endgültig beleidigt, nachdem Sie schon zum dritten Mal das geplante gemeinsame Mittagessen wegen anderer Termine absagen mussten. Und auf Ihrem Tisch häuft sich die Arbeit.

Das, was Sie spüren, sind alles *Stimmungen,* wie zum Beispiel Enttäuschung, Frustration, Erwartung, Neid, Gleichgültigkeit. Aber kaum sprechen Sie eine dieser Stimmungen an, wird alles abgestritten.

Zündstoff für Konflikte: Er entsteht, wenn *Gefühle* ignoriert werden, und dann wird sich dieser Frust in »Dienst nach Vorschrift«, in Krankheit, Demotivation und Ähnlichem auswirken.

Lösungsidee:

Bitte cremen Sie sich das Gesicht in Zukunft etwas dicker ein, zumindest so lange, bis Sie sich an den kälteren Wind gewöhnt haben.

Es hat sich eine »Klimaveränderung« vollzogen. Die Nähe zu Ihren früheren Kollegen hat sich verwandelt in eine Distanz Vorgesetzte – Mitarbeiter. Sie können die Schraube nicht mehr zurückdrehen.

Bitte machen Sie sich bewusst, wie Ihre neue Rolle aussieht:

1. Sie sind jetzt *Vorgesetzte* und nicht mehr *Freundin* einer oder mehrerer Kolleginnen.
2. Sie vertreten nun die Interessen der Geschäftsleitung und sehen einiges in einem anderen Licht.
3. Das Vertrauensverhältnis zu den Ex-Kolleginnen und Kollegen verändert sich.
4. Zu Ihren (früheren) Sachbearbeiter-Aufgaben kommen nun Führungsaufgaben (Sachbearbeitung jetzt 60%, Führung jetzt 40%) hinzu.
5. Sie müssen jetzt Arbeit verteilen, also delegieren.
6. Sie haben andere Prioritäten als vor der Beförderung.
7. Erwartungshaltungen der früheren Kollegen (etwa mal ein Auge zuzudrücken beim Zuspätkommen) können Sie nicht erfüllen.
8. Sonderbehandlungen sind tabu, auch wenn einige Kolleginnen oder Kollegen gekränkt reagieren.
9. Sie müssen öfter Überstunden machen und bekommen sehr wahrscheinlich Ärger zu Hause.

Wenn Sie sich diese Seiten Ihrer neuen Rolle wirklich bewusst gemacht haben, sehen Sie klarer. Anhand dieser Klarheit können Sie für sich deutliche Richtlinien festlegen, wie zum Beispiel:

- → Sie akzeptieren, wenn bei Ihrem Auftauchen die Gespräche verstummen.
- → Sie wollen nicht mehr alles selbst machen.
- → Sie werden eine bessere Informationspolitik betreiben als Ihr Vorgänger. Ihre Mitarbeiter sollen den Sinn ihrer Aufgaben erkennen.
- → Sie werden erst einmal eine Weile beobachten, ob Markus, der Kollege, der Ihren Posten einnehmen wollte, sich an Ihre neue Position gewöhnt.
- → Sie erkennen, dass nicht alles so heiß gegessen wird, wie es gekocht wird.
- → Sie erkennen an, dass alle ein wenig Zeit brauchen, um sich an die Veränderung zu gewöhnen.

So können Sie aus dem Hamsterrad springen und sich von dem Druck befreien, es allen recht machen zu müssen.

Wenn Sie sich über sich selbst im Klaren sind, werden Sie auch für die anderen besser einschätzbar – und das nimmt ein wenig die Angst vor dem Neuen, Unbekannten.

Neue Besen kehren (nicht immer) gut

Endlich können Sie die Dinge angehen, die Ihnen während der letzten Jahre negativ aufgefallen sind, zum Beispiel werden Sie ein zeitgemäßes Computerprogramm installieren lassen.

Ihr früherer Chef war ein Gegner der EDV und ließ noch viel von Hand in Journale eintragen. Das hat die ganze Abteilung genervt. Daher sind Sie sich sicher, dass die Modernisierung von allen begrüßt wird.

Sie haben Angebote eingeholt und glauben, das Richtige gefunden zu haben. Die hausinterne IT-Abteilung hat zugesagt, das Programm im Laufe der nächsten Tage zu installieren.

Sie freuen sich auf diesen Tag und sind schon früher im Büro, da Sie alles so organisiert haben, dass möglichst viele der Umstellungen im PC schon vor dem Eintreffen der Kollegen fertig sind.

Sie haben vor, die Journale einsammeln zu lassen, da sie nun überflüssig geworden sind. Die neue Software wird alles schneller und transparenter erledigen. Am späten Vormittag wird der Kollege, der das Programm installiert hat, eine kurze Einführung geben – und dann kann es losgehen.

Die Mitarbeiter trudeln so nach und nach ein und sind verärgert, dass sie nicht an ihren PC können. Sie begrüßen sie mit den Worten: »Liebe Kolleginnen und Kollegen, bitte schließt eure Journale ab, denn ab heute Mittag haben wir eine neue Software, die die von uns allen ungeliebten Journale überflüssig machen wird. Ist das nicht eine freudige Überraschung?«

Sie loben noch die IT-Abteilung, welche sich so kurzfristig bereit erklärt hat, und deshalb haben Sie gleich Nägel mit Köpfen gemacht, da Sie ja wussten, wie sehr die veraltete Art der Buchhaltung von den meisten gehasst wurde.

Sie schließen Ihre kurze Ansprache mit den Worten: »Ich bin überzeugt, dass es euch nichts ausmacht, dass ich die Entscheidung so schnell getroffen habe; im Gegenteil, ich bin mir sicher, dass es in eurem Interesse ist.«

Sie schauen in lauter ablehnende Gesichter. Selbst die Kreditoren-Kolleginnen sind sauer, die doch sonst immer Ihre Entscheidungen mitgetragen haben. Das können Sie sich nun überhaupt nicht erklären. Alle haben doch über die altmodische, zeitraubende Arbeitsweise geflucht. Und jetzt, wo Sie den damaligen Wünschen endlich entsprechen, ernten Sie pure Ablehnung.

Sie sind sauer und ordnen kurz und knapp an, dass die Mittagspause erst nach der Einführung in das neue Programm stattfindet, und verlassen enttäuscht das Büro.

Fazit: Neue Besen kehren zwar gut, aber das sollten sie nicht im Alleingang tun. Kein Mensch hat es gern, wenn ihm kommentarlos Neuerungen aufs Auge gedrückt werden. Jeder möchte gern an Entwicklungen beteiligt sein.

Und wenn vorher tausendmal der Ruf nach Neuerungen laut wurde: Bei der Umsetzung sollten die Betroffenen mit einbezogen werden.

Zündstoff für Konflikte kann die allzu wörtliche Umsetzung des Mottos »Neue Besen kehren gut« liefern, denn sie ruft innere Widerstände bei den Mitarbeitern, also den früheren Kollegen, hervor und diese Widerstände können von Demotivation bis zur inneren Kündigung reichen.

Lösungsidee:

Wenn Sie neue Ideen verwirklichen wollen, geben Sie vorher bekannt, was Sie gern verändern möchten. Lassen Sie Ihre Mitarbeiter an Lösungsvorschlägen mitarbeiten, denn die Ideen, welche die Kollegen selbst ausgetüftelt haben, werden gern umgesetzt.

Was führt der Mensch lieber aus: das, was ihm vorgesetzt wurde, oder das, was er selbst kreiert hat? Die Antwort liegt auf der Hand: Immer das, was er sich selbst ausgedacht hat.

Und was für Sie als Führungskraft auch noch ein wichtiger Aspekt ist: Die Umsetzung der Mitarbeiter-Ideen lässt sich von Ihnen leichter einfordern, ohne dass Sie dauernd das Kriegsbeil schwenken müssen.

Im beschriebenen Fall könnte das so aussehen, dass Sie bei einem der jetzt regelmäßig stattfindenden Meetings die Frage an die Mitarbeiter stellen, welche Anforderungen sie an die neue Software haben. Das Ergebnis lassen Sie protokollieren und kündigen an, dieses Anforderungsprofil an die hausinterne IT-Abteilung weiterzuleiten. Damit ist der Widerstand umschifft.

Gesprächspartner werden rar

Die letzten Wochen sind im Nu verflogen. Sie wissen kaum, wie Sie das alles geschafft haben. Sie haben den Eindruck, Sie waren wie ferngesteuert, und halten nun inne, weil Sie mit Ihrem eigenen Tempo kaum noch Schritt halten können. Ihr Privatleben ist ziemlich auf der Strecke geblieben. Ihr Partner ist sauer und lässt es Sie auch spüren. Dennoch sehen Sie in nächster Zeit kaum eine Möglichkeit, Ihr Arbeitspensum ohne Überstunden bewältigen zu können.

Sie ziehen Bilanz:
- → Ihr Schreibtisch quillt über.
- → Ihre Exkolleginnen und -kollegen ziehen nicht richtig mit.
- → Ihr Elan ist langsam erschöpft.
- → Aus der nächsthöheren Ebene kommen erste Reklamationen – dort möchte man Ergebnisse sehen.
- → Sie hetzen von einem Meeting ins nächste, was Sie teilweise als Zeitverschwendung empfinden
- → Sie spüren eine allgemeine Unzufriedenheit in Ihrer Abteilung.
- → Es brennt an allen Ecken und Enden die Luft.

Jetzt bräuchten Sie jemanden, mit dem Sie über das ganze Ausmaß des Chaos reden können. Ihr Lebenspartner ist sowieso sauer – er scheidet schon mal aus. Aus dem Unternehmen kommt kaum jemand in Frage, denn erstens kennen Sie auf Ihrer Ebene niemanden, dem Sie uneingeschränkt vertrauen könnten, und zweitens glauben Sie nicht, dass einer Ihrer (männlichen) Abteilungsleiter-Kollegen überhaupt verstehen würde, was Sie meinen. Von den Exkollegen kommt ohnehin niemand mehr in Betracht und Ihren Chef wollen und können Sie nicht mit diesen Problemen behelligen.

Der Wunsch nach dem Darüber-Reden ist bei uns Frauen ausgeprägter als bei Männern. Nicht nur John Grays Mars-und-Venus-Theorie hat dies schon festgestellt, auch in meinen Seminaren für Frauen bemerke ich immer wieder die Erleichterung der Damen, dort eine Plattform unter Gleichgesinnten gefunden zu haben, auf welcher sie ihrem Herzen gefahrlos Luft machen können, ohne sofort einen gut gemeinten, ungewollten, meist männlichen Ratschlag aufgedrängt zu bekommen.

»Darüber reden« (abwertend auch quatschen genannt) wird von uns Frauen deshalb als so angenehm empfunden, weil wir uns *sprechend* einer Lösung nähern. Wir brauchen unseren Gesprächspartner »lediglich« als schweigenden Zuhörer, welcher es tunlichst unterlassen sollte, seine eigene Meinung einzubringen. Ähnlich wie bei einer Tenniswand, von welcher die Bälle so wieder zurückkommen, wie sie an die Wand gespielt wurden.

Es ist ja nicht so, dass wir nicht wissen, was wir tun sollen, aber sobald wir unsere eigenen Gedanken laut ausgesprochen haben, löst das Chaos sich quasi wie von selbst auf. Wenn dann eine fremde Idee dazwischenfunkt, werden wir von unserem Lösungspfad abgelenkt.

Männer hingegen kommen eher denkend und nicht sprechend zu einer Lösung. Und hier sehen Sie schon wieder gravierende Unterschiede: Die eine Gruppe von Menschen schweigt und die andere Gruppe von Menschen redet – beide kommen zu Lösungen. Noch versucht die Gruppe der Schweigenden der Gruppe der Sprechenden klar zu machen, dass Schweigen Gold ist und damit besser! Bitte lassen Sie sich nicht irritieren, es gibt kein »Besser« oder »Schlechter«. Genauso wenig wie grüne Äpfel als wohlschmeckender festgelegt werden können, im Verhältnis zu roten Äpfeln. Apfel ist Apfel, ob rot oder grün, und Mensch ist Mensch, ob sprechend oder schweigend!

Zündstoff für Konflikte:

Gesprächspartner sind rar und da kann in der Verzweiflung schon mal die »falsche« Person ausgewählt werden für vertrauliche Mitteilungen. Das heizt die Gerüchteküche an, oder es kann dazu führen, dass Sie erpressbar sind.

Manchmal führt die fehlende Gesprächsmöglichkeit bei Ihnen zu schlechter Laune, welche Ihre Exkollegen (leider) zu spüren bekommen.

Lösungsidee:

Suchen Sie sich einen Gesprächs-Coach, welcher Ihnen durch Zuhören ermöglicht, Ihre Gedanken zu sortieren und eigene Lösungsansätze zu finden.

Dieser Coach kann männlich oder weiblich sein, das spielt keine Rolle. Er oder sie muss nur zuhören und mitdenken können, um ab und zu gezielte Fragen stellen zu können.

In Allan und Barbara Peases Buch »Warum Männer nicht zuhören und Frauen schlecht einparken« legt das Autoren-Ehepaar Männern folgende Bitte ans Herz: Falls ein Mann von einer Frau gebeten wird, ihr zuzuhören, möge er doch bitte (vorausgesetzt, dass er grundsätzlich dazu bereit ist) zurückfragen: »Soll ich als Mann oder wie eine Frau zuhören?« Damit drückt er aus, dass er, falls er als Mann zuhört, Tipps und Ratschläge in das Gespräch ein-

bringt. Falls er wie eine Frau zuhören soll, dann stellt er ohne Tipps und Ratschläge sein Ohr zur Verfügung.
Sie sehen also, die weibliche, sprechende Art der Problemlösungen oder des Sich-Sortierens findet immer breitere Beachtung.
Günter Ogger nennt in seinem Buch »Nieten in Nadelstreifen« die männlichen Manager sogar als »sprachlose Helden«. Er bezeichnet die Sprachgewandtheit der Frauen als »Aktivposten« im Wettbewerb mit ihren männlichen Kollegen. Na bitte! Ansonsten bietet sich auch die berühmte »beste Freundin« an, welche eigentlich immer ein offenes Ohr hat und viel Verständnis mitbringt.

Wie Sie Miesmacher motivieren

Ihr Exkollege Markus hat sich schwieriger entwickelt, als Sie gedacht haben. Er zeigt Ihnen bei jeder Gelegenheit und immer vor dem ganzen Team, dass Sie sich irren, er macht Dienst nach Vorschrift, er hetzt die Kollegen gegen Sie auf, indem er Ihre mangelnde Erfahrung an den Pranger stellt.

Sie sind sich sicher, dass er sauer ist, weil nicht er Chef der Buchhaltung geworden ist. Sie haben ihm beiläufig mal auf den Zahn gefühlt, aber er tut so, als wüsste er gar nicht, wovon Sie sprechen.

Das Klima in der Abteilung verschlechtert sich spürbar. Die Krankheitsfälle häufen sich. Sie wollen dieses Thema nicht vor der ganzen Gruppe ansprechen, um der Angelegenheit kein übermäßiges Gewicht zu verleihen. Aber handeln müssen Sie!

Ihr Vorgesetzter hat Ihnen angeboten, dass Sie jederzeit mit ihm sprechen können, falls Sie Hilfe brauchen. Aber diesen

Joker möchten Sie nicht jetzt schon verspielen – und vor allem nicht mit diesem Thema. Er könnte sonst den Eindruck gewinnen, Sie hätten die Abteilung nicht im Griff.

Sie können die Angelegenheit aber auch nicht mehr auf sich beruhen lassen, denn dazu ist die Atmosphäre bereits zu vergiftet.

Zündstoff für Konflikte:

Ein enttäuschter Mitarbeiter (ob zu Recht oder Unrecht) ist wie ein fauler Apfel, welcher die gesunden ansteckt. Dadurch, dass das geschilderte Problem auf der Gefühlsebene entstanden ist, ist es sachlich nicht zu lösen. Der betreffende Mitarbeiter steht nicht mehr loyal zu Ihnen und wird versuchen, Ihnen die Suppe zu versalzen, um damit den Beweis zu erbringen, dass er der Bessere für Ihren Posten gewesen wäre.

Mangelnder Spielraum zum Verarbeiten der verletzten Gefühle führt zu Aggressionen, die sich unter anderem in vermeintlichen Sachproblemen äußern, wie zum Beispiel: »Man kommt hier ja keinen Abend mehr pünktlich raus, das war früher anders.«

Lösungsidee:

Sie setzen auf die Devise: Begeisterung steckt an. Die neuen Aufgaben, die neuen Herausforderungen, das neue Projektziel, die ersten greifbaren Erfolge!

Sie haben bereits gemerkt, dass Ihr Team dem neuen (etwas unglücklich eingeführten) Computerprogramm auch positiv gegenübersteht. Auf dieses Pferd »Motivation durch Herausforderung« setzen Sie.

Also bitten Sie Ihren Mitarbeiter Markus zu einem Gespräch über seine Ziele und den Grad der Zielerfüllung. So erkennen Sie eventuell, wohin seine Vorstellung tendiert, und können ihn mit interessanten neuen Aufgaben wieder ins Team eingliedern, die ihn seinen Frust vergessen lassen.

Gleichzeitig entschließen Sie sich, sich von einer Ihrer Lieblingsaufgaben zu trennen und ans Team zu delegieren. Das weckt zusätzliche Begeisterung und durch sie wird auch Markus mitgerissen. Er fühlt sich wieder wichtig und muss sich in der Gruppe nicht durch Stänkern wichtig machen.

Und trotzdem bleiben wir Freundinnen

Mit dem Thema Freundin haben Sie mehr Probleme, als Sie sich zunächst eingestehen wollten.

Ihre Freundin Monika und Sie – ein spezieller Fall! Miteinander befreundet sind Sie schon viele Jahre, kennen gelernt haben Sie sich privat im Fitnesscenter. Und irgendwann haben Sie Monika ans Unternehmen empfohlen, als dringend eine gute Buchhaltungskraft gesucht wurde.

Sie haben in Ihrer Freizeit einiges miteinander unternommen, waren ein paarmal gemeinsam im Urlaub auf Segeltörns. Sie haben sehr viel Vertrauen zu ihr, sie weiß viel über Sie. In manchen Ihrer Beziehungskrisen war sie Ihre Trösterin und als Monika sich vor ein paar Jahren von ihrem ersten Mann trennte, hat sie eine Zeit lang bei Ihnen gewohnt.

Seit Ihrem Aufstieg nun ist sie völlig verändert. Kürzlich hat sie Sie mit dem Vorwurf überfallen, dass Sie sie links liegen lassen würden, dass die Versuche, mal wieder mit Ihnen zum Essen zu gehen, von Ihnen ziemlich schroff abgelehnt worden seien.

»Und überhaupt«, schließt sie ihre Beschwerde, »hast du dich total verändert, irgendwie bist du plötzlich so karrieregeil.«

Sie sind erschrocken und können diese Reaktion nicht verstehen. Ihr Karrierewunsch ist doch nicht neu für Monika, Sie haben doch das Angebot Ihres Chefs mit ihr durchgesprochen und sie hat Ihnen noch zugeraten. Sie wusste außerdem, dass Sie sich eindeutig für den Beruf und gegen Kinder entschieden haben; sie hat doch mitbekommen, wie Sie sich mit dieser Entscheidung herumgequält haben. Und jetzt das. Gerade von ihr hätten Sie eine solche Reaktion am wenigsten erwartet.

Sie schleichen in Ihr Büro und kämpfen kurz mit den Tränen. Ihnen hat doch der Rückhalt von Monika immer so gut getan. Sie steht mit beiden Beinen im Leben, weiß, was sie will, hat eine neue Beziehung, plant Kinder und ist mit ihrem Job zufrieden. Wieso ist sie plötzlich gegen Ihren Aufstieg, wo sie doch am Anfang dafür war? Sie fühlen sich im Stich gelassen.

Und da Sie gerade so traurig sind, lassen Sie auch die anderen Enttäuschungen Revue passieren.

Es hat sich nichts daran geändert, dass Sie nicht mehr eingeladen werden, beim Geburtstag einer Kollegin oder eines Kollegen ein Stück Kuchen mitzuessen.

Sie haben sich auch noch nicht daran gewöhnt, dass man Sie schneidet, dass Gespräche verstummen, sobald Sie auftauchen.

Um es kurz zu machen: Sie kommen sich unendlich einsam und unverstanden vor. Sie hatten sich das anders vorgestellt, nämlich so, dass Sie Chefin einer Abteilung werden, in der die Menschen miteinander arbeiten und auch miteinander befreundet sind. Es war vor Ihrer Beförderung schließlich auch so.

Klar, Sie dürfen nicht mehr über alle Themen reden, aber das ist doch nicht so schwer zu begreifen! Klar, Sie haben nicht mehr so viel Zeit wie früher, aber das ist doch nachvollziehbar. Sie müssen jetzt Anweisungen geben und auch mal Urlaubswünsche ablehnen, aber einer muss es ja tun.

Schließlich haben Sie auch nicht gemeckert, als Ihre frühere Kollegin Claudia kürzlich versuchte, einen Brückentag für sich herauszuschlagen, weil sie meinte, Sie hätten Verständnis dafür, dass sie unbedingt mit ihrem neuen Freund verreisen müsse.

»Mensch, weißt du nicht mehr, wie ich damals auf meinen freien Tag verzichtet habe, als du deinen Freund kennen gelernt hast und mit ihm verreisen konntest? Und jetzt habe ich was gut bei dir.«

Nicht erwähnt hat Claudia, dass sie damals nur deshalb auf den Urlaubstag verzichtet hat, weil ihre Mutter krank wurde und nicht weil Sie in Liebes-Urlaub fahren wollten.

Als Sie Claudias Urlaubswunsch mit der Begründung ablehnten, dass wegen der Umstrukturierung alle Urlaube gestrichen seien, meinte Claudia: »Du findest sicher eine Lösung, du bist doch jetzt »Entscheidungsträgerin«.«

Das alles haben Sie ihr damals nicht übel genommen. Durch den Stress, den Ihr neuer Aufgabenbereich mit sich brachte, ist es Ihnen nicht so bewusst geworden. Aber jetzt, im Nachhinein, empfinden Sie es als eine Frechheit.

Kümmert es denn einen von den Kollegen, dass die Zahlen stimmen müssen? Dass Sie Kosten senken müssen? Dass Ihnen oft die Hände gebunden sind, weil spezifische Abteilungswünsche den allgemeinen Betriebsgeboten unterworfen sind? Dass nicht *Sie* persönlich die Bitten und Wünsche ablehnen, sondern sich an Vorschriften und bestehende Regeln halten müssen?

Hat jemand von den früheren Kollegen nur ein einziges Mal Verständnis für Ihre Situation gezeigt? Nein! Alle denken nur an ihren eigenen Vorteil. Und sind beleidigt, wenn nicht immer alles nach ihren Vorstellungen läuft.

Im Gegenteil: Sie meinen sogar zu spüren, dass man Ihnen die Schuld dafür in die Schuhe schiebt, dass sich nichts ändert. Sie müssten ja schließlich am besten von allen wissen, was die Abteilung sich wünscht, schließlich gehörten Sie mal dazu und haben sich oft selbst über die unsinnigen Entscheidungen »von oben« geärgert.

Sie merken, dass man von Ihnen etwas mehr erwartet, jetzt wo Sie endlich die Macht haben, etwas zu ändern. Und dass so wenig geschieht, wird Ihnen angelastet.

Langsam dämmert Ihnen, dass sich doch mehr geändert hat, als Sie zunächst wahrhaben wollten.

Zündstoff für Konflikte: Wenn Sie auf Konflikte wie die geschilderten mit der Einstellung reagieren: »Was soll denn diese Gefühlsduselei?«, dokumentieren Sie damit, dass Sie Ihr Gegenüber nicht ernst nehmen. Ihr Gesprächspartner wird dann sicherlich frustriert und misstrauisch sein.

Lösungsidee:

Trennen Sie sich wenn möglich von dem kuscheligen Gedanken, dass Sie von allen Zustimmung und Verständnis brauchen, um sich wohl und sicher zu fühlen.

Bei Claudia können Sie es ohne weiteres wagen, sie mal vor den Kopf zu stoßen. Sie versucht, Kapital aus Ihrem Aufstieg zu schlagen und meint das mit dem Motto »Eine Hand wäscht die andere« blendend begründet zu haben.

Diesen Zahn müssen Sie ihr ziehen, sonst tanzt Sie Ihnen auf der Nase herum. Das wird Ihr ehemaliges Verhältnis auf eine andere Basis stellen, nämlich auf Respekt und nicht auf Verschwörung.

Bei Monika liegt der Fall anders. Wenn Ihnen an der Freundschaft etwas liegt, dann müssen Sie sich Zeit nehmen, um mit ihr ein längeres Gespräch zu führen.

Bedenken Sie, dass die Vorwürfe, die Monika Ihnen machen wird, Ausdruck ihrer Enttäuschung sind. Sie empfindet vermutlich den Verlust ihrer Freundschaft auch als

schmerzlich und vermag es nicht anders auszudrücken. Also wappnen Sie sich für dieses Gespräch mit Geduld und Verständnis.
Spielen wir das Gespräch einmal durch: »Monika, ich bin traurig, dass zwischen uns Funkstille herrscht. Ich vermisse unsere Gespräche und unsere gemeinsamen Abende im Fitnesscenter.« Monika antwortet sehr gereizt: »An mir liegt das nicht; du bist doch diejenige, die plötzlich keine Zeit mehr hat. Du hast wahrscheinlich jetzt Besseres zu tun und da sind dir deine alten Freunde nicht mehr gut genug!«
Achtung: Hier laufen Sie Gefahr, sich zu verteidigen! Bitte unterdrücken Sie ein ständiges »Stimmt doch gar nicht!«, denn dadurch vergiften Sie das Klima noch mehr!
Die bessere Reaktion wäre: »Das muss auf dich tatsächlich so gewirkt haben, das war mir nicht bewusst. Bitte glaub mir, ich habe das Arbeitspensum in der neuen Position schlicht unterschätzt und hänge ganz schön in den Seilen.«
»Das mag schon sein, aber deshalb brauchst du doch nicht so arrogant zu tun, das ist ja grauenvoll. Setzt Dich in der Kantine zu den »Höheren«, und wenn mal einer von uns Geburtstag hat, dann bist du dir zu fein, ein Stück Kuchen mit uns zu essen.«
Das trifft Sie hart, denn Sie hatten den Eindruck, dass die Kollegen Sie als Störenfried empfinden, und aus diesem Grund haben Sie sich nicht aufgedrängt.
»Monika, das tut mir leid, offensichtlich haben wir beide unsere jeweiligen Reaktionen völlig falsch interpretiert. Ich habe gedacht, ich störe eher und ihr seid froh, wenn ihr unter euch bleiben könnt. Auf jeden Fall möchte ich deine Freundschaft nicht verlieren. Du bist mir sehr wichtig und ich vermisse deine guten Ratschläge. Meinst du, wir könnten eine neue Basis finden?«

Wenn Monika ebenfalls am Erhalt der Freundschaft interessiert ist, wird sie Ja sagen.
Bitte machen Sie in diesem Gespräch deutlich, dass es einige Veränderungen geben muss:

1. Geschäftliche Themen sind tabu.
2. Wenn Sie eine Verabredung kurzfristig absagen, hat das nichts mit Monika zu tun, sondern nur damit, dass Sie sich in diesem speziellen Fall *für* einen Geschäftsvorfall entschieden haben und keine Entscheidung *gegen* die Freundschaft getroffen haben.
3. Bitten Sie Monika, Ihre neue Rolle möglichst uneingeschränkt zu akzeptieren.
4. Machen Sie ihr klar, dass Sie sie als Mitarbeiterin sehr schätzen und dass Arbeit und Privates nicht vermischt werden dürfen. Deshalb habe Ihre Zurückhaltung in der Firma nichts mit Ablehnung zu tun.

Es ist nicht immer leicht, diesen Spagat zu schaffen!
Sollte Ihre Freundin nicht einlenken, sollte sie so sauer sein, dass nichts mehr zu machen ist, dann müssen Sie das akzeptieren.
Es wird Ihnen auf Ihrem Weg »nach oben« immer wieder passieren, dass »alte Weggefährten« Sie nur bis zu einer bestimmten Gabelung begleiten und Sie dann verlassen. Das kann weh tun! Gerade in einer Situation, in welcher wir meinen, auf jedwede Unterstützung der Freunde angewiesen zu sein.
Aber Sie begegnen immer wieder neuen Gefährtinnen, die, wie Sie später im Rückblick feststellen werden, erstaunlich gut in die jeweilige Phase Ihrer Entwicklung gepasst haben.
Dies als kleiner Trost von jemandem, der all dies am eigenen Leib erfahren hat.

Duzen oder Siezen?

Es kann sein, dass Sie sich genervt fühlen durch Vertraulichkeiten im Ton, die der eine oder andere Kollege immer wieder heraushängen lässt. Diese Vertraulichkeiten sind Ihnen nie aufgefallen, als Sie selbst noch Kollegin im Team waren. Aber jetzt empfinden Sie sie als störend und unpassend.

Da hat doch gestern ein Kollege auf dem Flur zum Konferenzraum hinter Ihnen hergepfiffen und zu einem befreundeten Kollegen gesagt: »Sieht sie nicht flott aus, unsere Obermaus?«

Natürlich waren die Kollegen aus den anderen Abteilungen darüber ziemlich verwundert.

Bei einer Kundenpräsentation hat ein anderer Kollege Ihnen im Beisein der Kunden geraten: »Vera, du solltest dich nicht so im Detail verlieren.« Das hätte er nie gewagt, wenn Sie als Abteilungsleiterin »von außen« gekommen wären.

Mit den zwei neuen Kollegen, die seit kurzem in der Abteilung sind, siezen Sie sich selbstverständlich. Wenn Sie aber Monika wieder siezen würden, hätten Sie endgültig verspielt.

Sie befürchten, dass die Exkollegen spotten könnten: »Jetzt braucht sie schon das *Sie,* um sich Respekt zu verschaffen, die Ärmste« oder so ähnlich.

Wenn Sie lediglich eine bestimmte Person wieder siezen würden, wäre das ein Gesichtsverlust für die betreffende Person – und extrem demotivierend. Noch dazu, da Ihr Konzern seinen Sitz in Amerika hat; da ist das Duzen selbstverständlich.

Zündstoff für Konflikte: Die Rückkehr zum Siezen nach dem Aufstieg ins Führungslager kann von Ihren Mitarbeitern als Abwertung empfunden werden und zur inneren Kündigung führen.

Wenn Sie das Duzen beibehalten, kann es bei Ihnen als Führungskraft unterschwellige Aggressionen hervorrufen, welche dem Betriebsklima ebenfalls schaden.

Lösungsidee:

In unserem Land haben Duzen und Siezen etwas mit Nähe und Distanz zu tun. Wir schaffen uns durch das Siezen den nötigen Abstand zum Gesprächspartner.
Die Amerikaner und Engländer verdeutlichen Nähe und Abstand durch ihre Haltung. Und das ist ein guter Weg aus dem Dilemma mit zu viel Nähe heraus zu kommen.
Nehmen Sie innerlich eine distanziertere Haltung ein. So erhöhen Sie die Chance, dass sich tatsächlich die Distanz zu den gewünschten Personen steigert.
Ihren distanzlosen Kollegen nehmen Sie sich zur Brust – unter vier Augen natürlich – und verbitten sich generell, dass vor Kunden interne Kritik geübt wird.

Führungsfehler und was Sie dagegen tun können

Gedankenlosigkeit

Frau Abel, Sachbearbeiterin, sitzt am PC, um eine wichtige Terminarbeit zu erledigen. Ihr Kollege Anders vom Vertrieb braucht das Ergebnis ihrer Arbeit ganz schnell zur Vorlage bei einem bedeutenden Kunden. Sie ist zeitlich in Verzug, weil Frau Abraham, ihre Chefin, sie mit anderen dringenden Arbeiten eingedeckt hat.

So geht's schief:

Frau Abels Telefon klingelt. Am Apparat ist Frau Abraham, ihre Chefin.

»Bitte, Frau Abel, kommen Sie doch gleich mal zu mir.« (Ihr Büro liegt zwei Stockwerke höher.) Frau Abel ist nicht gerade glücklich über die Störung, da es aber ihre Vorgesetzte ist, muss sie wohl spuren.

Frau Abraham begrüßt sie liebenswürdig, sie ist überhaupt ein freundlicher Mensch. Sie schätzt Frau Abel als tüchtige Mitarbeiterin. Frau Abraham erläutert ihr Anliegen: »Frau Abel, ich muss nachher in einer wichtigen Sache zum Vorstand. Wenn ich schon einmal dort bin, dachte ich, wäre die Gelegenheit günstig, den Fall Axt & Co. zur Sprache zu bringen. Bitte informieren Sie mich über den aktuellen Stand der Dinge.«

Frau Abel ist etwas überrascht: »Frau Abraham, es tut mir Leid, dafür brauche ich meine Unterlagen.«

Frau Abel muss die Unterlagen holen und die zwei Stockwerke zurücklaufen.

Worum geht es?

- Frau Abel kann die Arbeit für Herrn Anders im Vertrieb nicht rechtzeitig abliefern. Herr Anders muss den Kunden, für den er die Unterlagen von Frau Abel braucht, vertrösten. Dies wiederum erzeugt Spannungen bei Herrn Anders, Frau Abel und dem Kunden.
- Frau Abel vertrödelt im wahrsten Sinne des Wortes ihre Zeit, da sie nicht wusste, was ihre Chefin von ihr wollte. So musste sie unnötigerweise noch einmal in ihr Büro zurückgehen, war auf das Gespräch nicht vorbereitet.

- Frau Abel ist ärgerlich und verletzt, weil sie das Gefühl hat, ihre Chefin nimmt ihre Arbeit nicht ernst. Sie hat sie nicht gefragt, woran sie gerade arbeitet, ob sie stört, ob ihre momentane Arbeit Priorität hat oder ganz einfach, ob sie gerade Zeit hat. Dass sie ohne Unterlagen in Frau Abrahams Büro kam und somit den Weg zweimal gehen musste, stimmt sie auch nicht fröhlicher.

Frau Abel beschließt, sich nicht mehr verrückt zu machen, da jedes Engagement durch Unterbrechungen dieser Art gestört wird. Auch der Versuch, mit ihrer Chefin ein klärendes Gespräch zu führen, ist an deren Gedankenlosigkeit gescheitert. Kurzfristig hat sie eingesehen, dass sie immer wieder Prioritäten durcheinander bringt. Die Einsicht hat aber nicht lange angehalten.

Da Frau Abel stinksauer ist, nimmt sie sich vor, in Zukunft kein Blatt mehr vor den Mund zu nehmen und Frau Abraham beim nächsten Mal zu sagen, dass die Firma schließlich nur durch die Kunden Geld verdient. So nach dem Motto: »Frau Abraham, nehmen Sie es mir nicht übel, aber im Augenblick habe ich überhaupt keine Zeit. Schließlich gehen unsere Kunden vor und ich arbeite gerade an einem ganz wichtigen Auftrag für den Vertrieb.« Sie muss sich auch Herrn Anders gegenüber rechtfertigen, weil sie die Unterlagen nicht rechtzeitig fertig stellen konnte. Was für ein Arbeitsklima!

Reaktionsempfehlung für die Chefin: Anruf von Frau Abraham: »Frau Abel, ich möchte gern den aktuellen Stand in der Sache Axt & Co. erfahren. Haben Sie nachher Zeit, mich darüber zu informieren?«

Jetzt hat Frau Abel Gelegenheit, ihr zu erklären, dass sie in der Zwickmühle steckt, da Herr Anders den Kunden in einer Stunde trifft und die Unterlagen noch fertig werden müssen.

Beide respektieren sich und keiner nimmt sich zu wichtig! Damit ist eine Basis des Vertrauens und der Verständigung geschaffen. Das Treffen kann auf später verlegt werden.

Die Chefin, die nie Zeit hat

Frau Bertram, Chefin einer Firma, sitzt an ihrem Schreibtisch und arbeitet. Sie hat viel zu tun, da sie gerade aus dem Urlaub gekommen ist und der Schreibtisch überquillt. Da platzt ihr Betriebsleiter, Herr Bär, mit einem sehr wichtigen Anliegen, herein.

So geht's schief:

Bär: »Kann ich Sie einen Moment sprechen, Frau Bertram?« Sie blickt kaum auf und antwortet: »Sie sehen doch, dass ich im Moment wahnsinnig viel zu tun habe; ich komme aus dem Urlaub und muss mich erst mal wieder schlau machen!«

Bär: »Was ich zu sagen habe, ist aber wirklich sehr wichtig.« Seufzend erlaubt ihm Frau Bertram zu bleiben. »Wenn Sie schon mal da sind, dann bleiben Sie meinetwegen, aber fassen Sie sich bitte kurz.«

Worum geht es?

Frau Bertram verstößt mit ihrer Reaktion gegen einen wichtigen Führungsgrundsatz: **Die Führungsaufgabe kommt vor der Routinearbeit.**

- Sie hat das Anliegen ihres Betriebsleiters nicht ernst genommen.
- »Wenn Sie schon mal da sind, dann bleiben Sie meinetwegen« klingt gnädig und keineswegs kooperativ.

- Die Forderung: »Aber fassen Sie sich kurz« klingt so, als ob Herr Bär sonst ein Schwafler ist. Außerdem ist eine brisante Angelegenheit nicht unbedingt in der geforderten Kürze abzuhandeln.
- Herr Bär muss sich ignoriert fühlen, was zu Demotivation führt.
- Frau Bertram schadet ihrem eigenen Unternehmen durch Verletzung des Selbstwertgefühls ihres Betriebsleiters. Schließlich würde Herr Bär ja nicht mit »Peanuts« zur Firmenleitung kommen. Also wird durch Frau Bertrams Reaktion die Entscheidungskompetenz des Betriebsleiters zwischen wichtigen und unwichtigen Anliegen in Frage gestellt.

Reaktionsempfehlung für den Mitarbeiter: Der Einstieg von Herrn Bär war ein wenig unglücklich, da er davon ausgehen musste, dass seine Chefin einen vollen Schreibtisch hat. Er ignorierte durch sein Hereinplatzen das Vorhaben von Frau Bertram, Schreibtischarbeit zu erledigen.

»Frau Bertram, ich störe nur ungern. Ich sehe, dass Sie viel Liegengebliebenes durchsehen müssen. Allerdings brauchen wir dringend Ihre Entscheidung, die Angelegenheit ist höchst brisant.«

Mit diesen Worten zeigt Herr Bär, dass er Frau Bertrams Tätigkeit ernst nimmt. Jetzt kann sich Frau Bertram auch moderater zeigen: »Sie würden nicht kommen, wenn es nicht so wichtig wäre, schießen Sie los.«

Hat Frau Bertram beim besten Willen keine Zeit, dann wird sie in der »Ich-Aussage« (siehe »Führen durch richtiges Kritisieren«, Seite...) reagieren: »Ich bedaure sehr, Herr Bär, im Moment sitze ich an einer wichtigen Sache, die ich nicht unterbrechen kann. Können wir uns bitte später unterhalten?«

Ist es allerdings an der Tagesordnung, dass Frau Bertram an einer wichtigen Sache sitzt, dann werden Entscheidungen immer länger hinausgezögert.

Allmählich verliert Herr Bär die Geduld, denn diesen Satz kennt er zur Genüge. Vielleicht sollte er mal seine Taktik ändern: »Also, Frau Bertram, ich finde, Sie sollten sich ruhig mehr Zeit für Ihre Mitarbeiter nehmen. Ich komme einfach nicht weiter, nur weil Sie an Sachen arbeiten, die Sie für wichtiger halten.«

Wie gern würde der eine oder andere seinem Chef oder seiner Chefin solche Wahrheiten an den Kopf werfen, um seinen Frust loszuwerden. In der Sache bringt das niemanden weiter, aber menschlich ist es verständlich.

Bleiben Sie diplomatisch, das bringt Sie sicher besser ans Ziel!

Schwindeleien

Im Unternehmen ist es üblich, Mitarbeiter nicht von auswärts zu holen, sondern Beförderungen aus dem eigenen Mitarbeiterpotenzial vorzunehmen. So ist es nicht ungewöhnlich, dass der Gruppenleiter Conradi auf den Posten des scheidenden Abteilungsleiters reflektiert. Er bittet die zuständige Bereichsleiterin Carstens um einen Besprechungstermin.

Frau Carstens kann sich denken, worum es sich handelt. Sie hat sich deshalb mit der Geschäftsleitung dahin gehend geeinigt, dass Conradi für eine Beförderung nicht in Frage kommt. Er ist als Gruppenleiter in der für ihn optimalen Position; er ist ein sehr guter Techniker, aber kein guter Menschenführer. Es ist wünschenswert, ihn auf dem Posten, den er jetzt hat, zu halten. Außerdem favorisiert Frau Carstens einen anderen Nachfolger, die Geschäftsleitung lässt ihr freie Hand.

So geht's schief:

In der Besprechung eröffnet Frau Carstens (als Ranghöhere) das Gespräch: »Nun, mein lieber Herr Conradi, was haben Sie auf dem Herzen?«

Conradi hoch erfreut: »Gut, dass Sie mich das fragen. Ich bin jetzt schon fast zehn Jahre in der Firma und habe – das glaube ich wenigstens – meine Arbeit immer zufriedenstellend erledigt. Ich meine, da käme jetzt eine Beförderung für mich in Frage. Herr Class, mein Abteilungsleiter, verlässt das Unternehmen in Kürze aus Altersgründen und ich möchte Sie bitten, mir diese Position zu geben.«

»Tja, Herr Conradi, Ihr Wunsch ist absolut verständlich. Leider ist die Stelle schon besetzt. Die Geschäftsleitung hat sich schon für einen anderen Nachfolger entschieden, da kann ich leider nichts machen. Wenn es nach mir gegangen wäre, hätte ich Ihnen den Posten als Abteilungsleiter gerne gegeben. Was soll man gegen die ›Befehle von oben‹ machen? Aber ich bin sicher, beim nächsten Mal klappt es bestimmt.«

Worum geht es?

Frau Carstens hat gelogen, um einem unangenehmen Gesprächsverlauf aus dem Weg zu gehen.

- Es stimmt nicht, dass die Stelle schon besetzt ist.
- Sie bedauert überhaupt nicht, dass Herr Conradi die Stelle nicht bekommt, denn sie favorisiert ja einen anderen Kandidaten.
- Sie denkt auch nicht daran, Herrn Conradi zu befördern, auch in Zukunft nicht.
- Mit der Eröffnung »Mein lieber Herr Conradi...« hat sie Herrn Conradi eingelullt, um ihn friedlich zu stimmen, obwohl sie ihn nicht besonders »lieb« findet.

Reaktionsempfehlung für die Chefin: Frau Carstens muss die Karten offen auf den Tisch legen, da Conradi auf Dauer den Braten riecht. Sie muss in der Sache korrekt bleiben, es aber so verpacken, dass es nicht kränkend oder herabwürdigend auf Conradi wirkt: »Ich bin froh, dass Sie das Thema ansprechen, Herr Conradi. Ich sehe allerdings Ihre Stärken auf einem ganz anderen Gebiet, nämlich in der Technik und nicht in der Führung. Da bei der Position des Abteilungsleiters das Schwergewicht im Bereich Mitarbeiterführung liegt, Sie aber ein Vollblut-Techniker sind, würden Sie eine große Lücke in Ihre jetzige Position reißen. Wir würden mit der Beförderung weder Ihnen noch dem Unternehmen einen Gefallen tun.«

Wenn das Gespräch schwierig verläuft, kann das ein Indiz dafür sein, dass frühere Mitarbeitergespräche nicht in aller Offenheit geführt wurden. Sonst hätte Herr Conradi wissen müssen, wie ihn seine Vorgesetzte einschätzt.

Feigheit

Herr Dragan ist Gruppenleiter der Qualitätskontrolle in einer Maschinenfabrik. Die Arbeit macht ihm Freude und er hat Erfolg. Seine Mitarbeiter respektieren und mögen ihn, was man von den Mitarbeitern der Fertigung nicht unbedingt sagen kann. Die haben nämlich das Gefühl, von ihm schlecht behandelt zu werden.

Sein Umgangston sei barsch und unfreundlich, behaupten sie. Auch ein anderer Meister hat sich deswegen wiederholt bei Dragans Chefin, Frau Diener, beschwert.

Frau Diener hat Herrn Dragan bisher nichts gesagt, da sie ihn sehr schätzt und die Ergebnisse seiner Arbeit einwandfrei sind.

Als aber ihr Kollege von der Fertigung sie ebenfalls darauf anspricht, dass seine Mitarbeiter sich bei ihm über Dragan beschwert hätten, beschließt sie, mit ihm über die Beschwerden zu reden, mit dem Ziel, Dragan zu bewegen, seinen Ton gegenüber den Mitarbeitern der Fertigung zu verbessern.

So geht's schief:

Herr Dragan sitzt bei Frau Diener. Diener will Dragan nicht erzürnen und beginnt ganz vorsichtig: »Herr Dragan, wie schön, dass wir mal wieder füreinander Zeit haben. Erzählen Sie mir doch bitte, was es in Ihrer Abteilung Neues gibt. Ich freue mich immer wieder darüber, wie motiviert Ihre Mitarbeiter sind.«

Dragan: »Ja, das macht mich auch stolz, denn mit gut motivierten Mitarbeitern macht die Arbeit viel Freude und geht gut voran.«

Diener: »Ich sage ja immer, es geht nichts über ein gutes Klima im Betrieb. Das finden Sie doch auch, nicht wahr?«

Dragan: »Ja, das meine ich auch, ich finde es sehr wichtig.«

Diener: »Besonders wichtig ist es nicht nur *innerhalb* der Abteilungen, sondern auch *zwischen* den Abteilungen und anderen Betriebsteilen. Ich wünsche mir sehr, dass Sie besonders darauf achten.«

Dragan: »Das tue ich schon immer.«

Diener: »Sehr gut, sehr gut, bitte legen Sie weiter besonderen Wert darauf.«

Der Dialog geht noch ein Weilchen so weiter. Dann verabschiedet Frau Diener Herrn Dragan ganz freundlich und ist hoch beglückt, dass sie das schwierige Gespräch so elegant abgewickelt hat. Sie ist überzeugt davon, dass Dragan jetzt genau weiß, in welcher Hinsicht er sich anders benehmen muss.

Worum geht es?

Dragan fragt sich: »Was wollte die Chefin eigentlich von mir?« Kein Wunder, dass Dragan nichts begreifen konnte, denn seine Chefin hat außer vagen Andeutungen und wolkigen Allgemeinplätzen nichts Wesentliches zur Klärung beigetragen.

Frau Diener war zu feige, die Karten auf den Tisch zu legen, denn sie musste befürchten

- dass Dragan aggressiv werden könnte
- dass ihr Dragan die Kritik verübeln würde
- dass es einen guten Grund für die gereizte Stimmung mit der Fertigung geben könnte, deren Ursache Frau Diener hätte nachgehen müssen, was sie vielleicht in Schwierigkeiten mit dem dortigen Chef gebracht hätte
- dass es gar keinen besonderen Grund für den barschen Ton gibt und Dragan die Kritik gar nicht versteht: »Was soll das Ganze, was wollen Sie eigentlich von mir? Ich verstehe nur Bahnhof.«

Somit schlich Frau Diener wie die Katze um den heißen Brei herum.

Reaktionsempfehlung für die Chefin: Ideal wäre, wenn Frau Diener sich vor dem Gespräch selbst davon hätte überzeugen können, ob Herr Dragan einen rüden Umgangston hat. So könnte sie das Kritikgespräch aus der eigenen Beobachtung heraus führen und nicht als »Wiederkäuer« oder vom Hören sagen.

Hat sie es nicht selbst erlebt (weil Dragan ihr gegenüber immer freundlich und zuvorkommend war), dann muss sie den Namen desjenigen nennen, der sich beschwert hat (siehe Vier-Augen-Gespräch, Seite...)

Nichts macht die Situation schwieriger, als den Gesprächspartner darüber im Dunkeln tappen zu lassen, woher die Information stammt. Das zwingt zum Abstreiten und Negieren.

Frau Diener könnte das Gespräch folgendermaßen eröffnen: »Schön, dass wir uns heute wieder einmal ausführlicher unterhalten können. Sie wissen, ich schätze Ihre Meinung immer sehr. Lassen Sie mich gleich zum Thema kommen, denn ich bin auf Ihre Sichtweise sehr gespannt. Seit einiger Zeit bekomme ich von den Mitarbeitern der Fertigung *(sie nennt die Namen)* Klagen zu hören, sie würden von Ihnen, Herr Dragan, schlecht behandelt. Ihr Ton sei unfreundlich, Sie seien kurz angebunden und würden nur noch meckern. Können Sie sich erklären, wie es zu diesen Äußerungen kommt?« *(Kritik-Brücke: Frage nach dem Grund).*

Diese Eröffnung ist wertneutral und unterstellt Dragan nicht, dass er sich nicht im Griff hat oder ein Querulant ist.

Sollte Dragan trotz der neutralen Eröffnung gereizt oder aggressiv reagieren, sollte Frau Diener ihm offen sagen, dass sie diese Meinung nicht teile, da sie ihn so nie erlebt habe. Das hilft beiden, die Situation zu differenzieren und das Augenmerk auf das Verhältnis mit der Fertigung zu konzentrieren.

Taktlosigkeit

Herr Eilers ist seit 15 Jahren Abteilungsleiter. In dieser Zeit ist sein Gehalt nie wesentlich erhöht worden, mit Ausnahme des jährlichen Inflationsausgleichs. Er ist ganz zufrieden, denn er liebt seine Arbeit.

Allerdings weiß er auch, dass er durchaus ersetzbar wäre. Seine Frau möchte gern eine größere Wohnung haben, die sie sich aber vom jetzigen Gehalt nicht leisten können. Deshalb braucht er eine Gehaltserhöhung. Eilers geht deshalb zu seiner Vorgesetzten, Frau Epple.

So geht's schief:

Herr Eilers schildert Frau Epple die Situation und bittet um Gehaltserhöhung.

Epple: »Herr Eilers, Sie wissen sehr gut, dass wir uns höhere Kosten für Ihre Position nicht leisten können. Außerdem ist Ihre Leistung eher mittelmäßig, was eine Gehaltserhöhung ebenfalls nicht rechtfertigt. Also, ich sehe da keine Chance.«

Worum geht es?

Jetzt hat Eilers eigentlich nur noch die Möglichkeit, sich aus dem Fenster zu stürzen! Sein Selbstwertgefühl ist im Keller. Die Beziehungsebene zwischen Epple und ihm ist auf dem Gefrierpunkt. Das wird die zukünftige Zusammenarbeit nachhaltig prägen.

Reaktionsempfehlung für die Chefin: Wenn schon eine unangenehme Ablehnung fällig ist, dann doch bitte nicht frontal gegen die Persönlichkeit, sondern ausschließlich auf die Sache bezogen.

Frau Epple sollte sagen: »Herr Eilers, wie Sie aus unseren jährlichen Mitarbeitergesprächen wissen, sind wir nach wie vor mit Ihrer Arbeit sehr zufrieden. Nur ist Ihre Position keine Schlüsselposition im Hause und erfordert keine zusätzlichen spezifischen Fachkenntnisse. Das ist der Grund, weshalb Sie schon viele Jahre unverändert als Abteilungsleiter dort arbeiten. Wir sehen keine Möglichkeit, diese Position höher zu dotieren.«

Wenn Herrn Eilers wirklich an einem Aufstieg gelegen ist, dann kann er mit Frau Epple jetzt ein konstruktives Gespräch über mögliche Zukunftsperspektiven führen.

Uneinsichtigkeit

In dieser Firma ist es üblich, jedes Jahr mit allen Mitarbeitern Einzelgespräche zu führen. Die Chefs haben dann Gelegenheit, den Mitarbeitern mitzuteilen, wie sie beurteilt werden, Lob und Tadel zu verteilen, Missverständnisse aus dem Weg zu räumen und so weiter.

Hier handelt es sich um Frau Friedrichs, die von ihrer Chefin Frau Faller nicht in allen Punkten positiv beurteilt wird.

Frau Faller gefällt es beispielsweise nicht, dass Frau Friedrichs für ihr Dafürhalten ziemlich langsam arbeitet. Zwar gründlich, aber langsam. So kommen etwa die Monatsberichte im Schnitt immer drei bis vier Tage nach dem festgesetzten Termin.

Auch sonst hält Frau Friedrichs öfter die vereinbarten Termine nicht ein. Sie ist nicht nachlässig, sondern, ganz im Gegenteil, übergenau.

Frau Faller hat schon öfter ein paar Bemerkungen in dieser Richtung fallen lassen, an denen Frau Friedrichs hätte erkennen können, dass sich etwas zusammenbraut. Leider war das erfolglos, was Frau Faller ziemlich nervt.

Sie beschließt, dieses Gespräch zu nutzen, um Frau Friedrichs sehr deutlich zur Pünktlichkeit zu ermahnen.

So geht's schief:

Faller: »Sie verderben sich Ihre sonst durchaus positiven Leistungen immer wieder durch Unpünktlichkeit. Es wirkt wie Schlamperei. Könnten Sie sich in Zukunft bitte angewöhnen, Termine einzuhalten? Solange das nicht klappt, sehe ich keine Chance für Ihre Zukunft.«

Worum geht es?

Frau Faller hat auf den Tisch gehauen und ihrem Herzen endlich Luft gemacht *(Achtung: Kritik soll weiterhelfen und nicht zur Befriedigung eigener Bedürfnisse dienen.)*

Frau Friedrichs reagiert wie folgt:

- Sie ist am Boden zerstört, schließlich leistet sie exzellente Arbeit.
- Ihre Achtung vor Frau Faller, die durchaus vorhanden war, ist drastisch gesunken; sie betrachtet sie jetzt eher als ihre Feindin.
- Wenn Frau Faller lieber schlampige Arbeit haben möchte, dann kann sie die termingerecht haben, bitte sehr.
- Überhaupt wird sie, Helga Friedrichs, sich in Zukunft kein Bein mehr ausreißen. Fleiß und Genauigkeit werden ja offensichtlich nicht honoriert. Die Begründung, weshalb sie so penibel arbeitet, sieht Frau Faller ja sowieso nicht ein.

Reaktionsempfehlung für die Chefin: Faller: »Frau Friedrichs, wir arbeiten nun schon seit einem Jahr zusammen und ich bin mit den Ergebnissen Ihrer Leistung durchaus zufrieden. Ein Wermutstropfen ist allerdings dabei, über welchen ich immer wieder stolpere und der mich nachhaltig stört: Ich bekomme Terminsachen regelmäßig ein paar Tage zu spät. Da ich sie jeweils sofort reklamiert habe, wissen Sie sicher, um was es sich im Einzelnen handelt. Sie wissen doch, wie sehr mir termingerechtes Arbeiten am Herzen liegt (*Kritik-Brücke: Selbstkritik*). Was könnten Sie tun, damit ich die Berichte in Zukunft pünktlich bekomme?«

Jetzt hat Frau Friedrichs die Gelegenheit zur Selbstdarstellung (Dialektik, siehe Seite....) und sie kann mit Frau Faller zusammen ein paar Ideen zur Lösung erwägen, welche vornehmlich von ihr selbst entwickelt werden müssen. Somit ist die Chance groß, dass sie ihre eigenen Ideen auch ausführen wird.

Egoismus

In der Firma – einer Versicherungsgesellschaft – ist es üblich, Beförderungen aus den eigenen Reihen vorzunehmen, das heißt, nach Möglichkeit niemanden von außen in eine leitende Position zu holen.

Deshalb wurde eine Art Pool eingerichtet, in dem der Führungsnachwuchs sozusagen parkt. Die Damen und Herren dieses Pools gehen nach festgelegten Plänen durch alle Bereiche der Versicherung und werden systematisch durch den Abteilungsleiter des Pools, Herrn Gebhard, geschult.

Da Herr Gebhard in hohem Maße das Vertrauen des Vorstands genießt, wird er häufig als »Feuerwehr« in die Außenstellen und Agenturen des Unternehmens geschickt. Während dieser Zeit führt die Stellvertreterin von Herrn Gebhard, Frau Gall, die Abteilung und hat im Laufe der Zeit mehr und mehr die Schulung des Führungsnachwuchses übernommen.

Ursprünglich hatte Frau Gall auch zu diesem Pool-Nachwuchs gehört und ist von Herrn Gebhard immer öfter als seine rechte Hand und Vertretung herangezogen worden. So konnte sie zur Stellvertreterin von Herrn Gebhard aufsteigen.

Viele der heutigen leitenden Positionen sind von Damen und Herren besetzt, die Herr Gebhard ausgebildet hat. Einige Tage zuvor war vom Personalvorstand eine Anforderung für die Position eines Abteilungsleiters im Außendienst gekommen. Gebhard hatte mit Frau Gall darüber gesprochen, wer von den Damen und Herren des Nachwuchs-Pools dafür in

Frage käme. Sie zogen Herrn Gutbrod und Frau Grimm in die engere Wahl.

Bei dieser Gelegenheit hatte Frau Gall geäußert, ebenfalls an dieser neuen Außendienstposition interessiert zu sein.

Herr Gebhard, der Frau Gall unter keinen Umständen verlieren wollte, überhörte deren Interesse geflissentlich und entschied sich für Frau Grimm.

So geht's schief:

Er ruft Frau Gall zu sich, um ihr mitzuteilen, dass er sich für Frau Grimm entschieden hat.

Nach der Begrüßung werden zunächst einige Routinesachen besprochen, dann kommt Herr Gebhard zur Sache: »Wir haben hier noch die Anforderungen des Vorstandes für die Abteilungsleiter-Position im Außendienst. Wir hatten ja schon darüber gesprochen. Also, ich habe mich für Frau Grimm entschieden. Sie waren ja auch der Meinung, dass Frau Grimm durch ihre ausgeprägte Fähigkeit, auf Menschen zuzugehen, besonders geeignet wäre.«

Gall: »Wir hatten aber auch über mich gesprochen, das heißt, ich hatte den Wunsch geäußert, auch in die engere Wahl zu kommen.«

Gebhard: »Also, Frau Gall, ich habe mir das genau überlegt, Sie sind noch nicht so weit, dass Sie die Position der Abteilungsleiterin ausfüllen können. Sie brauchen noch eine Menge Anleitung von mir, bevor Sie für diese Position qualifiziert sind. Das braucht noch eine ganze Weile.

Außerdem kann ich leider in dieser Abteilung nicht auf Sie verzichten. Sie wissen, wie oft ich als ›Feuerwehr‹ unterwegs bin, und da brauche ich jemand, der sich hier auskennt und die Abteilung in meinem Sinne führt. Sie sind auch in der Schulung unentbehrlich für mich.«

Worum geht es?

Gebhard sagt ganz offen, dass Frau Gall für *ihn* unentbehrlich sei. Er sagt es allerdings aus egoistischen Erwägungen, denn einen neuen Stellvertreter müsste er erst wieder einarbeiten. Dazu hat er keine Lust und keine Zeit. Damit verhindert er den Aufstieg von Frau Gall.

Gebhard ist zwar wirklich der Meinung, dass es für sie noch etwas zu früh ist, die Position im Außendienst anzustreben. Er begründet allerdings seine Ablehnung nicht detailliert, sondern erklärt ihr nur pauschal, für die Position der Abteilungsleiterin sei sie noch nicht fähig genug.

Das ruft in Frau Gall Enttäuschung und Verärgerung hervor, denn sie spürt, dass Herr Gebhard seine persönlichen Bedürfnisse in den Vordergrund stellt. Sie fühlt sich deshalb auch nicht ernst genommen.

Frau Gall wird in Zukunft

- Frau Grimm intensiv beobachten und Herrn Gebhard »beweisen«, dass seine Entscheidung für Frau Grimm falsch war.
- ihre Arbeit nicht mehr mit so großer Begeisterung erledigen wie bisher.
- Herrn Gebhard den Rücken nicht mehr so freihalten wie bisher.

Damit ist sozusagen der Schuss für Herrn Gebhard nach hinten losgegangen. Statt wie bisher eine verlässliche Stellvertreterin zu haben, hat er nun eine unkonzentrierte, missmutige Mitarbeiterin.

Reaktionsempfehlung für den Chef: Gebhard: »Ich freue mich über Ihren Ehrgeiz. Allerdings würde ich Ihnen im Moment dringend von einer Abteilungsleitung abraten. Und zwar aus folgenden Gründen: Sie arbeiten exzellent mit dem einzelnen Menschen, wenn es gilt, ihm etwas beizubringen. Sie freuen sich über die Entscheidungsfreiheit, die Sie hier innerhalb unserer Rahmenbedingungen haben. Als Abteilungsleiterin gehen Ihre Entscheidungsbefugnisse weit über diese hier hinaus und Sie wären gleichzeitig für Mitarbeiterführung und die Erfüllung der Monatsstatistiken verantwortlich. Denken Sie nur daran, wie Sie hier unter dem Druck ähnlicher Aufgaben stöhnen, wenn ich längere Zeit abwesend bin…«

Jetzt hat er ehrlich und detailliert erklärt, weshalb er Frau Gall im Moment nicht in ihrem Aufstiegswunsch unterstützt. Und Frau Gall fühlt sich ernst genommen. Vielleicht teilt sie die Meinung ihres Chefs nicht, aber sie bekommt ein klares Bild über ihre Selbst- und Fremdeinschätzung.

Verständnislosigkeit

Frau Horster ist Inhaberin eines großen renommierten Damenfrisiersalons. Sie sind dauernd ausgebucht, denn die Mitarbeiter sind Spitzenkräfte. Besonders Herr Hahne hat es den Kundinnen angetan, denn er ist als Top-Stylist der Star unter den Friseuren der Region.

Frau Horster könnte also sehr zufrieden sein, wenn es mit der Rendite ihres Geschäftes stimmen würde. Obwohl der Umsatz hoch ist und ihre Preise nicht gerade niedrig sind, balanciert sie dauernd am Rande der roten Zahlen. Das ist auf Dauer unbefriedigend.

Deshalb hat sie seit ungefähr einem Vierteljahr das Verkaufssortiment erweitert und versucht, die Rendite durch mehr Warenverkauf – Shampoo, Cremes, Stylingprodukte – aufzubessern. Dies gelingt am besten »am Stuhl«, wenn die Kundinnen den Haarkünstlern quasi ausgeliefert sind. Es bietet sich ja auch an, das gleiche Shampoo und andere Produkte zu Hause weiter zu benutzen.

Die meisten Mitarbeiter bemühen sich auch redlich, den Verkauf anzukurbeln, mal mit mehr, mal mit weniger Erfolg. Nur Herr Hahne weigert sich prinzipiell. Er sei Künstler und kein Verkäufer. Wenn er hätte Verkäufer werden wollen, dann hätte er sich die lange Ausbildung zum Stylisten sparen können.

Frau Horster versucht immer wieder, ihren »Star« zu motivieren, bislang ohne Erfolg. So beschließt sie ziemlich ärgerlich, Herrn Hahne zur Ordnung zu rufen, und bittet ihn, abends nach Geschäftsschluss etwas länger zu bleiben.

So geht's schief:

Horster: »Also, Herr Hahne, ich sehe mir das nun schon eine ganze Weile an. So geht das nicht weiter. Sie wissen ganz genau, dass wir auf die Verkaufserlöse angewiesen sind, um uns die guten Gehälter leisten zu können.

Ich weiß nicht, warum Sie nichts verkaufen, ob es Ignoranz oder Verweigerung ist. Ich weiß nur eines: Es muss sich ändern.

Also, strengen Sie sich an; in spätestens zwei Wochen will ich Ergebnisse sehen.«

Worum geht es?

Frau Horster arbeitet mit Unterstellungen (« Strengen Sie sich an«). Sie nimmt die Meinung von Herrn Hahne (ein virtuoser Künstler und kein Verkaufstalent zu sein) überhaupt nicht ernst. Hahne wurde auch eine Selbstdarstellung verweigert, und zwar durch das Diktat seiner Chefin, innerhalb von zwei Wochen Verkaufsumsätze zu erzielen. Die Chefin hatte völlig

ignoriert, dass er schließlich das »Zugpferd« des Salons ist und dass die Kundschaft wegen ihm den Laden stürmt.
Also werden sich bei Herrn Hahne folgende Gedanken festsetzen:

- Er sitzt am längeren Hebel und nicht seine Chefin.
- Er will so bald wie möglich kündigen.
- Die anderen Salons werden sich die Finger nach ihm lecken.
- Er wird eine ganze Menge Kundschaft mitnehmen.
- Dann kann Frau Horster zusehen, an wen sie in Zukunft ihr »Zeug« loswird, wenn nur noch die Hälfte der Kundinnen kommt.

Reaktionsempfehlung für die Chefin: Horster: »Sie wissen, Herr Hahne, dass ich Sie sehr schätze. Sie sind wirklich eine Spitzenkraft und unser »Zugpferd« *(Anerkennung)*.

Gerade bei Ihnen kann ich mir gut vorstellen, dass Sie unsere Produkte sehr überzeugend verkaufen könnten. Sie wirken, durch Ihr Talent und Ihr Können als Top-Stylist, auf die Damen absolut glaubwürdig. Und ich weiß, dass Sie von unseren Produkten überzeugt sind.

Daher würde ein kleiner Hinweis, zum Beispiel dass man das Gel auch zu Hause verwenden kann, völlig ausreichen.

Deshalb bitte ich Sie um Hilfe, mich in der Verkaufsaktion zu unterstützen. Wie sehen Sie das?«

Herr Hahne kann sich dazu äußern und seine Beweggründe darlegen, weshalb er den Verkauf hasst *(Selbstdarstellung)*.

Nachdem er die berechtigte Anerkennung erfahren hat, kann er seinerseits seiner Chefin (die ihn lediglich um Hilfe bittet) gegenüber entgegenkommend sein. Eventuell lässt sich auf dieser Basis ein tragfähiger Kompromiss finden.

Die rigorose Chefin

Aus Rationalisierungsgründen müssen bei einer Regionalbank einige Filialen geschlossen werden. Der Leiter der größten aufzulösenden Filiale ist Herr Iser (50). Es gibt in der Organisation keine gleichwertige Ersatzbeschäftigung für ihn. Bestenfalls könnte man ihm die Leitung des Privatkundengeschäfts in der Zentrale anbieten.

Frau Irrlich, als Personalchefin für Herrn Iser zuständig, will ihm in einem Gespräch die neue Situation schildern und ihm das Privatkundengeschäft anbieten.

So geht's schief:

Irrlich: »Herr Iser, ich habe Sie zu mir gebeten, um eine recht unangenehme Sache mit Ihnen zu besprechen.

Ihre Filiale wird ja aufgelöst, so wie einige andere auch. Da stellt sich nun die Frage, was wir mit Ihnen machen.

Sie können es sich selbst ausrechnen, dass wir keine gleichwertige Position für Sie haben. Ich biete Ihnen aber an, das Privatkundengeschäft zu übernehmen.

Allerdings ist diese Position geringer dotiert als Ihre bisherige. Sie müssten also eine Minderung in Kauf nehmen. Aber ich meine, in Ihrem Alter ist das noch eine einmalige Chance.«

Iser: »Also, so einfach geht das nicht, damit bin ich nicht einverstanden.«

Irrlich: »Ich sehe da nicht viel Spielraum für Sie. Wenn Sie nicht zugreifen, müssten wir uns von Ihnen trennen.

Wegen der Abfindung würde dann Herr Immer auf Sie zukommen.«

Worum geht es?

Die »Vogel, friss oder stirb«-Situation ist eine bittere Pille für Herrn Iser. Frau Irrlichs Ausdrucksweise (obwohl sachlich richtig) ist destruktiv (*unfaire Dialektik*).

Herrn Iser bewegen folgende Gefühle und Gedanken:
- Seine Meinung ist überhaupt nicht gefragt.
- Seine bisherige Leistung scheint nichts wert gewesen zu sein.
- Das »Gnadenbrot«, das man ihm anbietet, empfindet er als Frechheit.
- Er sinnt auf Rache.
- Er will seinen Anwalt kontaktieren. So leicht lässt er sich nicht abspeisen.

Reaktionsempfehlung für die Chefin: Frau Irrlich: »Die Gerüchte über die Schließungen der Filialen schwirren ja schon eine ganze Weile durch die Gegend. Ich vermute, dass Sie auch davon gehört haben?«

Herr Iser: »Ja, natürlich.«

Irrlich: »Es tut mir Leid, dass ich es Ihnen nicht als erste sagen konnte. Aber so ist es nun einmal, Gerüchte entstehen viel schneller, als Entscheidungen getroffen werden. Leider ist auch Ihre Filiale von der Schließaktion betroffen.

Das ist umso bedauerlicher, als Sie ja durchaus noch schwarze Zahlen schreiben. Aber durch das neue Rationalisierungskonzept fassen wir einige Filialen in dieser Hauptstelle hier zusammen.

Das würde bedeuten, dass Sie in Zukunft hier in der Zentrale Ihr neues Betätigungsfeld hätten. Könnten Sie sich das vorstellen?«

Iser: »Ja, natürlich, nur, was wäre meine Tätigkeit hier?«

Irrlich: »Sie befürchten, dass Ihre neue Tätigkeit hier nicht mehr viel mit Ihrer Beschäftigung als Filialleiter gemeinsam hat?« (*Aktives Zuhören*)

Iser: »Ja, das befürchte ich sogar sehr.«

Irrlich: »Es handelt sich um das Privatkundengeschäft. Bitte lehnen Sie nicht gleich ab. Der Vorschlag ist für alle Seiten interessant.

Einmal für die Bank, da diese Sparte sehr ausbaufähig ist. Sie wurde in den letzten Jahren eher vernachlässigt.

Andererseits für Sie, denn Sie könnten mit Ihren Fähigkeiten und Ihren Fachkenntnissen unser Schiff ›Privatkunden‹ wieder in ein ertragreiches Fahrwasser steuern. Sind Sie interessiert?«

Iser nickt zögernd, er ist noch etwas misstrauisch, denn er ahnt, dass das noch nicht alles war.

Irrlich: »Sie haben noch Bedenken?« (*aktives Zuhören*).

Iser: »Ja, denn es steht noch die Gehaltsfrage aus.«

Irrlich: »Ja, das ist der Knackpunkt. Diese Position ist zunächst nicht so hoch dotiert wie Ihre vorige.« (Sie legt die Karten offen auf den Tisch, da das Gesprächsklima recht entspannt ist und sie damit rechnen kann, dass Iser nicht aufbraust.)

Um solch unangenehme Wahrheiten ohne nachhaltige Schäden vermitteln zu können, muss die Beziehungsebene tragfähig sein.

Sorgen Sie bitte unbedingt dafür, dass Informationen nicht nur rein rational vermittelt werden. Das kränkt Ihr Gegenüber und Sie haben einen Mitarbeiter mehr, der Dienst nach Vorschrift macht.

Der voreilige Chef

Das Fließband wurde schon vor einigen Jahren abgeschafft. Montiert wird in der Gruppe. Gruppenleiter ist Herr Jochens.

In der Gruppe gibt es einen Arbeiter, Werner Jansen, der wesentlich schneller arbeitet als die anderen. Jochens hat ihn wiederholt gelobt und zu Lehrgängen und Schulungen geschickt. Er fiel auch schon dem Meister Jondraschek auf und wurde zur Beförderung vorgesehen.

Allerdings hatten sich einige von Jansens Kollegen wiederholt bei Jochens und Jondraschek beklagt, dass Jansen arrogant und selbstherrlich sei. Er führe sich in der Gruppe auf wie der »Big Boss« und putze die Kollegen herunter wie Schulbuben. Seine fachlichen Leistungen würden von allen respektiert, nur sein überhebliches Benehmen wolle man nicht länger hinnehmen.

Meister Jondraschek beschließt, in Abstimmung mit dem Gruppenleiter mit Jansen zu reden.

So geht's schief:

Jondraschek: »Also, Werner, so geht's nicht. Du führst dich auf, als ob dir der Betrieb gehört. Deine Überheblichkeit geht allen unheimlich auf den Geist. Wenn du nicht bald wieder auf den Teppich kommst, ist bald Sense. Dann kannst du dir die Beförderung an den Hut stecken. Was soll das überhaupt? Wieso bildest du dir ein, was Besseres zu sein?«

Worum geht es?

- Der überraschte Herr Jansen versteht wahrscheinlich überhaupt nicht, worum es geht.
- Er weiß nichts von den Beschwerden seiner Kollegen.

- Er hat subjektiv nicht den Eindruck, überheblich zu sein.
- Er wird wütend und nimmt eine ablehnende Haltung ein.

Reaktionsempfehlung für den Chef: Jondraschek: »Hör mal, Werner, ich habe da ein Problem. Immer wieder kommen deine Kollegen zu mir und beklagen sich darüber, dass du sie schikanierst. Ich habe das nicht geglaubt, aber nachdem die Beschwerden sich wiederholten, dachte ich, ich spreche mal mit dir. Hast du auch den Eindruck, dass zwischen dir und den Kollegen etwas im Argen liegt?«

Herr Jansen kann jetzt seiner Überraschung Ausdruck verleihen und trifft auf einen *neutralen* (nicht auf Grund vom Hörensagen *bewertenden*) Meister, welcher den Wunsch in den Vordergrund stellt, eine gemeinsame, tragfähige Lösung zu finden.

Ignoranz

Frau Köhler ist eine viel beschäftigte Frau, nur ihrer Karriere verschrieben. Es ist schwer für die Mitarbeiter, einen Termin bei ihr zu bekommen. Im Grunde hält sie Mitarbeitergespräche für lästige Störungen und für Zeitverschwendung. Es ist ihr nicht klar, dass es ihre Hauptaufgabe ist, ihren Mitarbeitern jedwede Unterstützung zu geben, damit die Arbeitsprozesse reibungslos und effizient ablaufen können.

Nun hat Herr Kastner um einen Termin gebeten und sitzt vor ihr. Kastner hat ein für ihn äußerst wichtiges persönliches Problem. Seine Frau ist sehr krank und braucht dringend Geld für eine Operation, die nur im Ausland durchgeführt werden kann und von den deutschen Krankenkassen nicht übernommen wird.

So geht's schief:

Kastner sitzt vor Frau Köhlers Schreibtisch. Sie fordert Herrn Kastner auf, sein Problem zu schildern. Gleichzeitig unterschreibt sie die vor ihr liegende Post. Danach reißt sie ungeöffnete Briefe auf und beginnt zu lesen. Ab und zu nickt sie und sagt: »Hmh, hmh.« Zwischendurch kommt ihre Sekretärin herein; beide flüstern kurz miteinander. »Sprechen Sie ruhig weiter, ich höre Ihnen zu«, versichert Frau Köhler Herrn Kastner. Er ist ganz verzweifelt.

Worum geht es?

- Selbst bei einem weniger brisanten Thema würde Herrn Kastner diese Ignoranz kränken.
- Er fühlt sich überhaupt nicht ernst genommen.
- Die Beziehungsebene zwischen beiden erhält einen Knacks.

Reaktionsempfehlung für den Mitarbeiter: »Ich habe den Eindruck, dass jetzt nicht der richtige Zeitpunkt ist. Kann ich ein anderes Mal wiederkommen?«

Jetzt hat er nicht nutzlos seine Worte verschwendet, sondern auf das Problem geschickt aufmerksam gemacht.

Nun wird entweder ein neuer Termin vereinbart (weil Frau Köhler sich in der Tat nicht genug Zeit genommen hat), oder sie hört ihrem Mitarbeiter zu.

Dominanzverhalten

Spezialisten neigen dazu, die Bedeutung ihres Arbeitsgebietes zu überschätzen. Sie glauben andere Aufgaben vernachlässigen zu können, wenn sie in ihrer Domäne gute Leistungen erbringen.

Im vorliegenden Fall handelt es sich um den Abteilungsleiter Laan, der ein Ass auf dem Gebiet der Planung ist. Aber in anderen wesentlichen Managementfunktionen – wie Führen, Delegieren, Kontrollieren – versagt er. Dies hält er jedoch für nicht so wichtig: Gerade einer langfristigen Vorausplanung käme heutzutage eine größere Bedeutung zu denn je. Und für die Führungsaufgaben könne man ja eine tüchtige Assistentin einstellen.

Laans Chef, Hauptabteilungsleiter Lindner, hat in mehreren Gesprächen versucht, Laans Einstellung zu korrigieren. Da dies keine Früchte zeigte, beschließt er, Laan in eine Stabsabteilung zu versetzen, wo dieser sich ganz der Planung widmen kann und der Verantwortung für das Erreichen eines Abteilungs-Solls enthoben ist. In dieser Stabsabteilung kann sich Laan finanziell noch weiterentwickeln. Aber seine Karriere ist damit beendet.

Im Gegensatz dazu ist Laan felsenfest davon überzeugt, dass er noch eine blendende Karriere vor sich hat. Er rechnet fest damit, demnächst zum Hauptabteilungsleiter befördert zu werden.

Lindners Aufgabe ist es nun, Herrn Laan in einem persönlichen Gespräch beizubringen, dass er seine Karriereträume begraben muss. Er will allerdings versuchen, Laan zu motivieren, in der Stabsabteilung hervorragend mitzuarbeiten.

So geht's schief:

Lindner: »Herr Laan, es ist Ihnen ja nicht neu, dass wir Ihre Führungsschwäche nicht länger akzeptieren können.

Sie mögen ein ganz guter Planer sein, aber die Aufgabe, in der Sie jetzt verantwortlich tätig sind, erfordert noch andere Fähigkeiten, die Sie offensichtlich nicht haben.

Ich habe Sie oft genug darauf aufmerksam gemacht. Aber ohne Erfolg. Daher haben die Geschäftsleitung und ich beschlossen, Sie in die Planungs-Abteilung, die unmittelbar dem Vorstand zuarbeitet, zu versetzen.

Sie können gleich am Ersten dort anfangen. Viel Glück!«

Worum geht es?

Hier haben wir unfaire Dialektik in Reinkultur. Herr Lindner betont seinen Dominanzanspruch. Es geht ihm weniger um eine tragfähige Lösung als darum, Herrn Laan zu zeigen, wo's langgeht. Laan muss sich völlig überrumpelt fühlen und

- schaltet auf stur
- überlegt, wie er sich verteidigt
- lehnt sein »Fremdbild« ab, da es sich nicht mit seinem »Selbstbild« deckt.
- wird nicht loyal folgen.

Reaktionsempfehlung für den Chef: Lindner: »Herr Laan, wir haben schon öfter darüber gesprochen, dass die Tätigkeit eines leitenden Mitarbeiters aus mehreren Ebenen besteht: einmal aus der fachlichen und einmal aus der Führungsebene, also dem Umgang und der Motivation Ihrer Mitarbeiter. Lassen Sie mich Ihnen eine Frage stellen: Auf welcher Ebene fühlen Sie sich am meisten befähigt, der der Planung oder der der Mitarbeiterführung?«

Laan: »Ganz klar: Auf der der Planung natürlich.«

Lindner: »Wenn sich Ihnen nun eine Gelegenheit bieten würde, vorwiegend oder ausschließlich auf dem Gebiet der Planung – und zwar auf einem ganz besonders interessanten Gebiet der Planung – tätig zu sein, würde Sie das interessieren?«

Laan: »Warum nicht? Wenn alles andere auch stimmt.«

Lindner: »Es handelt sich um Folgendes: In der Planungs-Abteilung – unmittelbar beim Vorstand – wird eine Position frei. Sie soll mit einem Könner besetzt werden. Der Vorstand und ich haben Sie dafür vorgesehen.«

Es ist optimal, ohne zu werten den Menschen selbst sein Talent nennen zu lassen und ihm dann den adäquaten Posten anzubieten. Hier greift auch wieder die Tatsache: Der Mensch tut am liebsten das, wofür er sich selbst entschieden hat, und nicht das, was ihm »aufs Auge gedrückt« wurde.

Zündstoff für Konflikte:

- Jemanden in die Pfanne zu hauen tut nur dem Machtbesessenen gut.
- Nur sachlich zu sein kränkt die Mitarbeiter und drängt sie in die innere Kündigung.
- Machtdemonstration ist ein absoluter Motivationskiller.
- Die Einstellung »Vogel, friss oder stirb« demotiviert ebenfalls.
- Ignoranz und fehlende Anerkennung seitens der Chefebene erschwert die Zusammenarbeit.

3. Kapitel: Autoritär oder Autorität: verschiedene Arten zu führen

Der autoritäre und der delegierende Führungsstil

Gibt es DEN Führungsstil? Ich behaupte: Nein.

Gute Führung ist in erster Linie gutes Informationsmanagement. Wo Informationen fließen, können Mitarbeiter selbstständig und eigenverantwortlich arbeiten.

Ein hervorragender Gradmesser für gutes Führen ist die Beantwortung folgender Frage: Gelangen Informationen problemlos überall hin oder hält jemand bewusst Informationen zurück, um dadurch seinen Status zu sichern oder Macht auszuüben?

Verantwortungsvolle Manager und Managerinnen sind verpflichtet, Informationen auf dem direkten Wege weiterzugeben.

Führen bedeutet nicht, alle gleich zu behandeln, denn, wie Patricia Zigarmi und Kenneth Blanchard es in ihrem Buch »Der Minuten-Manager. Führungsstile« formulieren: »Ungleiche Wesen gleich zu behandeln ist nicht Gerechtigkeit, sondern Gleichmacherei.«

Einen Führungsstil zu haben bedeutet, dass *Sie* (als Führungskraft) nach einem bestimmten Muster vorgehen; beim autoritären Führungsstil bestimmen *Sie* allein, wo es langgeht. Die Mitarbeiter sind kompetenzlose Befehlsempfänger, welche sich mit ihrer Meinung gefälligst zurückzuhalten haben.

Beim delegierenden Führungsstil, lassen *Sie* (die Chefin) die Mitarbeiter selbst entscheiden, wann sie Hilfe brauchen. Ansonsten »dürfen« diese selbstverantwortlich arbeiten, ohne dass Sie kontrollierend eingreifen.

Beim autoritären Führungsstil werden Sie auf Widerstand stoßen und der delegierende Führungsstil funktioniert nur so lange, wie der Mitarbeiter auf allen Gebieten, die er bearbeitet, gleich gut ist.

Stellen Sie sich vor, er hat etwa beim Erstellen von Kostenplänen Schwächen. Er wird diese Arbeit nicht gern machen und lieber für die Lohn- und Gehaltsabrechnung ein sehr gutes Programm entwickeln, da es sein Spezialgebiet ist. Dadurch bleiben die Kostenpläne auf der Strecke.

Hier müsste ein Trainingsprogramm einsetzen, um ihn auf dem ungeliebten Gebiet ebenfalls fit zu machen, und während dieser Phase müssen Sie anweisen, kontrollieren und beaufsichtigen. Das tun Sie aber nicht, wenn Sie sich *einem* bestimmten Stil verschrieben haben. Daher meine Skepsis gegenüber einem bestimmten Führungsstil.

Natürlich machen Sie sich mit starker Kontrolle zunächst nicht gerade beliebt bei den Mitarbeitern. Aber nur durch Nettigkeit und Nachgiebigkeit hat noch nie jemand etwas Neues gelernt.

Also gilt es sogar bei einer einzelnen Person die Führungstaktik zu wechseln. Somit ist es logisch, dass ein einziger Stil bei zwölf Personen gar nicht anwendbar ist.

Einer braucht vielleicht streckenweise etwas mehr Führung und Kontrolle und ist damit sehr zufrieden, während ein anderer bei starker Kontrolle ärgerlich wird, weil er die Verantwortung für sein Tun selbst übernehmen will.

Und wenn Sie Mitarbeiter haben, die gern eigenverantwortlich arbeiten, dann schaffen Sie dazu das geeignete Umfeld.

Ihr persönlicher Führungsstil

Entscheidend für Ihren Führungsstil ist Ihre persönliche Einstellung zu Menschen. Ihre persönlichen Werte sind wichtig.

Falls Sie der Meinung sind, dass Mitarbeiter nur »funktionieren« (im Sinne der Zielerfüllung), wenn sie stark kontrolliert werden, frei sind von jeglicher Eigenverantwortung und nur strikt nach Anweisung handeln dürfen, dann werden diese Mitarbeiter sich vermutlich wie Schachfiguren fühlen, welche nach Gutdünken auf dem Spielbrett hin und her geschoben werden. Das ist der *autoritäre Führungsstil.*

Als Deutschland noch vorwiegend ein Standort für Produktion war, hat dieser »Stil« sicher noch einen Sinn gehabt. Da wir aber immer mehr zu einem Dienstleistungsland werden, greifen solche rigiden Maßnahmen nicht mehr.

Mitarbeiter möchten gern den Sinn ihrer Arbeit erkennen und nicht wie eine Manipulationsmasse ohne Kompetenzen behandelt werden.

Allerdings wird von Ihnen erwartet, dass Sie in Krisenzeiten durchgreifen und sagen, wo es langgeht. Oder auch in Pionierphasen ist es entscheidend, dass Sie mit starker Kontrolle arbeiten und klare, schrittweise Anweisungen geben.

Wenn das Kind in den Brunnen zu fallen droht, dann muss schließlich einer den Sturz verhindern! Und dafür müssen Sie schnell und präzise sorgen. Da können Sie nicht erst ein Meeting einberufen, um dort episch zu diskutieren, möglichst demokratisch, was jeder zu dieser Gefahrensituation denn so beigetragen hat.... In einem solchen Fall ist die Begrenzung des Handlungsspielraums Ihrer Mitarbeiter *kurzfristig* sinnvoll.

Was besonders uns Frauen angeht: Wir neigen zur demokratischen Führungsweise, da sie unserem Harmoniebedürfnis sehr entgegenkommt.

Wir empfinden es als sinnvoll und angenehm, in gemeinsamer Runde das weitere Vorgehen zu beratschlagen, Vorschläge anzuhören, Ideen zu sammeln und dann auf Grund fundierter Informationen zu entscheiden. Auf diesem Weg bekommen wir oft die erhoffte Zustimmung – was uns sehr aufbaut.

Die große Gefahr lauert darin, dass Sie möglicherweise nicht ernst genommen werden. Demokratie wird leicht mit Nachgiebigkeit verwechselt und somit in die Nähe von Führungsschwäche gerückt.

Aber zurück zu Ihrem weiteren Vorgehen. Sie haben Bilanz gezogen und entschieden, dass Sie jetzt die Zügel in die Hand nehmen.

Sie machen sich einen Plan:

1. Sie wollen regelmäßige Mitarbeiter-Gesprächsrunden einführen, damit die Informationen schneller fließen. Diese Runden sollen auch Gradmesser dafür sein, wie Sie die Zügel halten müssen, ob straffer oder lockerer. Das entscheiden Sie situativ.
2. Sie wollen die Lob- und Kritik-Kultur verbessern, um Ihren Mitarbeitern mögliche Angst zu nehmen. Sie möchten dadurch erreichen, dass die Mitarbeiter deutlich erkennen, wo sie in Bezug auf die Zielerfüllung stehen.
3. Sie werden Nähe und Distanz bei einzelnen Mitarbeitern neu definieren, sich also für das Du oder das Sie entscheiden.
4. Sie werden delegieren.
5. Sie werden versuchen, die »Abtrünnigen« wieder ins Boot zu bekommen, um ein Team zu werden.

Von der Kaderführung zur Sinngebung

Wenn man im Führungsstil die Sinngebung bevorzugt, würde das bedeuten, dass die zukünftige Wertehaltung eines Unternehmens heißen müsste: Wir verabschieden uns vom Gewinnstreben um jeden Preis. Das heißt, es muss zu einem gemeinsamen Glauben und zu einem gemeinsamen Wollen kommen. Zu einer Synchronisierung persönlicher Sinn-Ziele der Mitarbeiter und betrieblicher Sinn-Ziele.

Wenn Ihr Unternehmen beispielsweise sündhaft teure Maschinen angeschafft hat, welche den Unternehmensgewinn erheblich verbessern, im Gegenzug der Umwelt aber erheblich und dauerhaft schaden, dann werden sich Ihre Mitarbeiter unter Umständen mit dieser Produktion nicht identifizieren können.

Dann nützen auch die ganzen wunderbaren neuzeitlichen, demokratischen und verständnisorientierten Führungsmethoden nichts; im Gegenteil, sie wirken wie Hohn.

Es macht keinen Sinn, den Mitarbeitern bei der Erreichung eines Zieles mehr Freiraum in der Personal- und Führungspolitik zu geben, wenn die Mitarbeiter nicht hinter diesem Ziel stehen. Hier werden Sie immer mit mangelnder Motivation rechnen müssen.

Ein Mitarbeiter muss das, was die Firma will, noch lange nicht wollen! Und daran ändert auch eine noch so freiheitliche Personalpolitik nichts.

Es gibt ein deutsches Tochter-Unternehmen aus dem Dienstleistungsbereich, welches lange darunter litt, dass die amerikanische Zentrale der scientologischen Kirche angehört.

Die deutsche Firma hatte heftig damit zu kämpfen, den Mitarbeitern und den Kunden klar zu machen, dass sie nichts

Führungsstile im Überblick

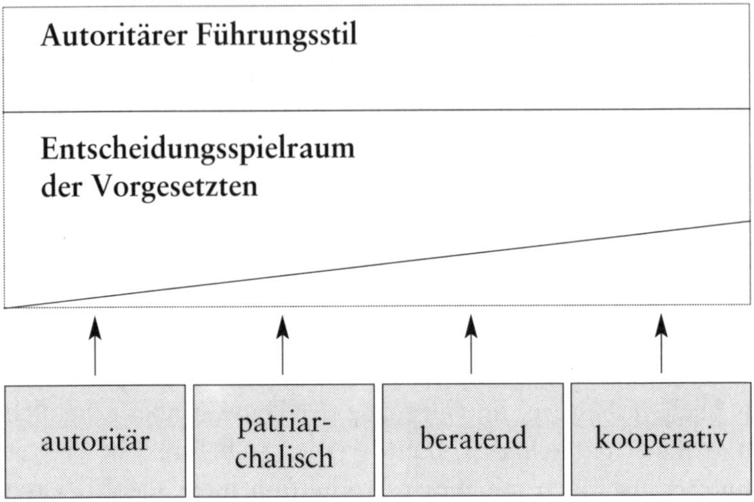

Die **Vorgesetzte** entscheidet und ordnet an	Die **Vorgesetzte** entscheidet; ist aber bestrebt, die Mitarbeiter von ihren Entscheidungen zu überzeugen, bevor sie sie anordnet	Die **Vorgesetzte** entscheidet; gestattet jedoch Fragen zu ihren Entscheidungen, um durch deren Beantwortung Akzeptanz zu erreichen	Die **Vorgesetzte** informiert ihre Untergebenen über die anstehenden Entscheidungen; die Mitarbeiter äußern ihre Meinung dazu, bevor die Vorgesetzte die endgültige Entscheidung trifft

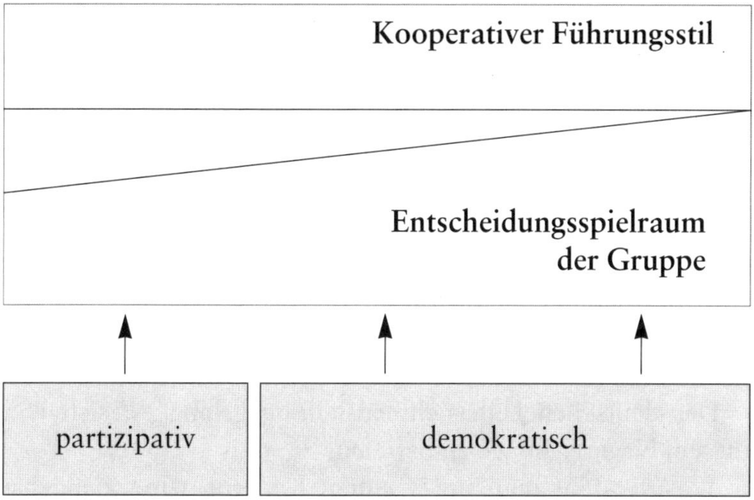

Die **Mitarbeiter** entwickeln Vorschläge. Aus der Zahl der gemeinsam gefundenen und akzeptierten Problemlösungen entscheidet die Vorgesetzte sich für die ihr am sinnvollsten erscheinende Lösung

Die **Mitarbeiter** entscheiden, nachdem die Vorgesetzte zuvor das Problem aufgezeigt und die Grenzen des Entscheidungsspielraumes festgelegt hat. Delegierendes Verhalten.

Die **Mitarbeiter** entscheiden eigenverantwortlich die nächsten Schritte, erkennen ihre Grenzen selbst, die Vorgesetzte fungiert als Koordinatorin nach innen und nach außen mit der »Sekte« zu tun hatten, sondern, im Gegenteil, das Gedankengut des Ron Hubbard (des Sektengründers) sogar ablehnten.

Die Mitarbeiter litten sehr unter dem Gerücht, denn keiner hatte Lust, in einem Unternehmen zu arbeiten, welches als Bedrohung betrachtet wurde. Sie konnten sich mit ihrem Arbeitgeber nicht identifizieren und das Unternehmen hatte eine enorme Fluktuationsrate, obwohl die Gehälter nebst den Karriereaussichten brillant waren.

Niemand wollte in die Nähe der scientologischen Lehre gerückt werden und damit war das Sinn-Ziel, möglichst viel Gewinn zu machen (und ihn dann an die Scientologen weiterzugeben), das falsche.

Der deutschen Unternehmensleitung gelang es, sich von diesem Negativ-Image zu befreien.

Was versteht man unter einem Kaderprinzip? Zunächst einmal muss man wissen, dass Führung aus der militärischen Tradition stammt. Einer befiehlt und die anderen haben das brav und widerspruchslos auszuführen (da war die Welt noch in Ordnung). Somit war der autoritäre Führungsstil geboren.

Hier ein paar »Schlagworte«zum Wertebild der Kaderführung:

- Profit um jeden Preis wird angestrebt.
- Mitarbeiter haben sich anzupassen, Verzicht auf Autonomie.
- Mitarbeiter sind weitgehend frei von Verantwortung.
- Bedingungslose Prinzipien- und Leistungs-Disziplin.
- Zielloyalität
- Starke Kontrolle »von oben«.
- Starrer Bürokratismus, viele Hierarchiestufen
- Exakte Planung, straffe Organisation, unveränderbare Strukturen.

- Durchsetzungsvermögen, logisches Denken, Autorität, Dominanz und Aggression sind gefragt.

Es sei nochmals betont: Wenn die Ziele des Unternehmens mit den Werten der Mitarbeiter nicht synchron laufen, dann wird sich das negativ auf die Motivation auswirken.

Wenn Sie in einem Rüstungsbetrieb arbeiten und es nicht verkraften können, dass mit Ihren Produkten eventuell Menschen getötet werden, dann sind Sie am falschen Arbeitsplatz.

Oder wenn Sie es nicht ertragen, dass mit den Abwässern Ihres Unternehmens so fahrlässig umgegangen wird, dass daran Fische sterben, dann sind Sie in der falschen Firma.

Wenn Sie aber bleiben, damit Sie Ihr Haus abbezahlen können, dann müssen Sie sich das bewusst machen.

Wenn Sie Mitarbeiter haben, die auch nicht hinter dem stehen, was die Firma leistet oder produziert (aber keine andere Stelle finden), dann werden Sie auf Dauer mit Dienst nach Vorschrift rechnen müssen.

Also achten Sie bitte immer darauf, ob Firmenwerte und Mitarbeiterwerte übereinstimmen.

Wenn Sie allerdings in einem Unternehmen arbeiten, in welchem Sie sich mit allem identifizieren können, was das Unternehmen leistet, und es trotzdem Zoff gibt, dann prüfen Sie die Kaderstrukturen bzw. die (eventuell fehlende) Sinngebung.

Sie können *garantiert* davon ausgehen, dass kein Mensch an einer (auch eine militärische Bezeichnung) Stabsstelle interessiert ist, bei der er seine Selbstentfaltung nicht leben kann.

Das ist damit gemeint, wenn es heißt: »Schaffen Sie ein Umfeld, in welchem es Ihren Mitarbeitern Spaß macht zu arbeiten.«

Also weg von blindem Gehorsam, weg von übermäßiger Bürokratie, weg von dem reinen Leistungsgedanken ohne Sinngebung!

Weg von der Idee, dass die Mitarbeiter lediglich Instrumente zur Machterhaltung der Kaderspitze sind.

Weg von der Annahme, dass der oberste Boss seinen Posten nur deswegen erreicht hat, weil er besonders viel Wissen mitbringt und viel Ahnung hat!

Die Männer an der Kaderspitze haben keine Kritiker mehr. Eher Speichellecker, die ihnen nach dem Mund reden. Und so kommt kein Zweifel auf (ohnehin keine nännliche Eigenschaft), ob sich zu dem vorhandenen und langsam veraltenden Wissen im Laufe der Zeit aktuelles Wissen hinzugesellt.

Henry Kissinger soll einmal gesagt haben, dass politische Führer im Amt nichts hinzulernen, was über die Überzeugung hinausgeht, die sie mitgebracht haben. Und diese »Anfangs-Überzeugung« wird durch den persönlichen Erfolg bestätigt.

So ähnlich ergeht es auch dem »Macher« an der goldener Spitze eines Konzerns. Er befindet sich im Teufelkreis der Rückkoppelung, die aus dem Glaubenssatz besteht: »Weil ich so gut bin, habe ich den Posten verdient, und weil ich ihn bekommen habe, muss ich gut sein.« Und der sich daraus ableitende logische Rückschluss lautet, dass Macht, Position und Autorität es geradezu verhindern, aus Erfahrungen zu lernen.

Was die immer maroder werdende Wirtschaftslage sehr deutlich zeigt – der Galeerenführer, der den Takt vorgibt, macht auch keine Seminare, um sich bestätigen zu lassen, dass er in dieser Position noch etwas dazu lernen kann. Er wird auch keine einschlägige Literatur verschlingen, die ihn darüber aufklärt, wie er seine Mannen behandeln muss. Hauptsache, das Schiff hat die notwendige Geschwindigkeit. Wenn Sie sich das Unternehmen als Regelkreis vorstellen, dann wissen Sie sicherlich noch aus der Physik, dass der Kreis in sich geschlossen erfolgreich ist und niemanden von außen braucht, der dem Regelkreis sagt, wie er zu funktionieren hat.

Die neuen Führungswerte also heißen:

- Die Vorgesetzte wird von der *Faktendenkerin* zur *Wertedenkerin*. Das bedeutet, sie nimmt nicht mehr ausschließlich Daten, Zahlen und Fakten als Grundlage für ihre Entscheidungen, sondern sie beobachtet sorgfältig das gesamte Umfeld. Sie erweitert ihre Wahrnehmung dahin gehend, dass sie Stimmungen erkennt und ernst nimmt. Sie vermittelt ihren Mitarbeitern den Sinn ihrer Tätigkeit.
- Das Miteinander steht im Vordergrund.
- Gut ausgebildete, *reife* und gut informierte Mitarbeiter steuern die notwendigen Arbeitsprozesse selbst und eigenverantwortlich.
- Die Mitarbeiter sind ihre eigenen Manager und entwickeln ihre eigenen Ideen. Sie bekommen genügend Kompetenzen und Spielraum, um diese Ideen umzusetzen.
- Der Begriff »Fehlerkultur« ist nicht mehr nur ein Schlagwort aus seminargeschultem Munde, sondern es wird ein Umfeld geschaffen, in dem das Fehlermachen nicht automatisch zu Repressalien führt. Dann ist der Weg frei für projektorientierte Entwicklungen.
- Der Vorgesetze verhindert Entwicklungsprozesse nicht (wegen der Sägegeräusche am Stuhl), sondern er fördert sie, auch auf die Gefahr hin, dass er sich selbst wegrationalisiert. (Wenn er so gut ist, dann reißt sich die gesamte Wirtschaft um ihn.)

Glauben Sie nun, dass Frauen die Kaderdenkweise sowieso nie hatten? Wir Frauen sind nicht durch das Militär zum blinden Gehorsam gezwungen worden.

Glauben Sie nun, dass Frauen viel von der »Sinn-Gebungs-Führung« verstehen?

Rollenklischees und weiblicher Führungsstil

Von unseren Müttern haben wir Maximen in die Wiege gelegt bekommen, die unseren beruflichen Aufstieg nachhaltig behindern können, wie: Sei ein liebes Mädchen; sei nicht vorlaut; benimm dich; dränge dich nicht in den Vordergrund; sei bescheiden.

Daraus wurden dann nach und nach die folgenden Rollenklischees, die wir leider teilweise verinnerlicht haben:

1. *Sei attraktiv:* Eine Frau ist so gut, wie sie aussieht.
2. *Sei eine Dame:* Eine Frau verliert nie die Selbstbeherrschung.
3. *Sei selbstlos:* Eine Frau ist zum Geben geboren.
4. *Leiste Beziehungsarbeit:* Eine Frau ist von Kopf bis Fuß auf Liebe eingestellt.
5. *Sei kompetent und klage nicht:* Eine Frau schafft alles und wirkt nie überfordert.

Ich gebe zu, es dauert noch, bis wir solche Muster abgeschüttelt haben. Sie sitzen tief! Und es kann passieren, dass wir dazu vielleicht auch nicht immer die richtigen Mittel einsetzen.

Das führt dann dazu, dass einigen Führungsfrauen nachgesagt wird: »Die ist ja schlimmer als ein Mann.« Gemeint sind damit: knallhart, kompromisslos, geht über Leichen, machtgeil, fehlendes Verständnis und Ähnliches.

Bei genauer Betrachtung sind diese Frauen aber oft nur sehr deutlich! Sie sagen, was sie denken, ohne die indirekte weichmachende Sprache zu benutzen.

Sie sprechen nicht in Konjunktiven und wollen nicht »Everybody's darling« sein. Sie können damit leben, dass nicht immer Harmonie herrscht. Sie fürchten sich nicht vor Konflikten oder Auseinandersetzungen und können im schlimmsten Fall auch fluchen.

Meist sind sie rhetorisch sehr gewandt und treten bestimmt auf.

Ihre Kleidung ist nicht püppchenhaft, betont weniger das Weibliche, sondern ist vielleicht sogar eher männlich geprägt (Hosenanzug/Krawatte). Und schon fallen sie aus dem »normalen« Frauenbild und werden deswegen bewertet, im Sinne von Abwertung.

»Wie sieht die denn aus«, tönt es, und am lautesten aus den eigenen Reihen. Anderssein wird als Gefahr empfunden, weil wir eventuell ein paar alte Muster oder Verhaltenskodexe überdenken müssten.

Und diesem Überdenken müsste dann zwangsläufig ein Umdenken folgen.

Veränderung wird eben als Bedrohung aufgefasst! Das merken Sie als frisch gebackene Vorgesetzte hautnah.

Sie haben doch schon manchmal gedacht, dass mit solch »festgefahrenen« Mitarbeitern kein Blumentopf zu gewinnen ist, oder? Und hat Sie das nicht manchmal fast zur Verzweiflung gebracht? Na also.

Und dasselbe Prinzip gilt auch für uns Frauen. Kein Mensch verändert sich gern.

Doch zurück zu jenen Frauen, die angeblich schlimmer sein sollen als Männer.

Ich finde, dieser Vergleich hinkt. Wieso sind denn Männer schlimm? Warum stecken wir sie in die Schublade *Bedrohung*? Weil wir sie nicht kennen und deshalb nicht verstehen. Weil sie sich anders verhalten als wir und so auftreten, als ob ihr Verhalten das richtige sei und unser weibliches Verhalten das falsche.

Aber das ändert sich ja jetzt, da Sie diese Zeilen lesen. Und dann könnte sich das Urteil über die angeblich so männlichen Frauen doch ändern.

Bitte akzeptieren und schätzen Sie, dass wir Vorreiterinnen haben, die uns helfen, in Führungsetagen vorzustoßen. Auch wenn diese »Mann-Weiber« Ihrer Meinung nach den Bogen hie und da überspannen.

Wenn Sie »bestimmter« geworden sind, dann können Sie in Zukunft leicht das Gespräch mit solch männlich geprägten Frauen suchen. Und Sie werden sicher entdecken, dass sie ganz nette »Mit-Menschinnen« sind, die gerne etwas bewegen würden *für die Frauen*.

Zündstoff für Konflikte: Ist die Führungskultur zu autoritär, kaderhaft oder Gehorsam einfordernd, dann wird dies in der Belegschaft Widerstand hervorrufen.

Der moderne, reife, gut ausgebildete Mensch, der noch voller Ideen und Enthusiasmus steckt, will etwas bewirken. Das ist der Motor seines Handelns.

Wird er durch sinnlose Vorschriften und verkrustete Gewohnheiten daran gehindert, dann kommt Frust auf. Der Mitarbeiter fühlt sich in seiner Entfaltung nicht ernst genommen und ausgebremst. Und das lähmt die Motivation und führt zum Dienst nach Vorschrift.

Sind die Firmenwerte moralisch verwerflich, natur- und umweltschädlich, machtbesessen und verkrustet, dann wird der dort arbeitende Mensch lediglich so viel Engagement einbringen, dass er nicht unangenehm auffällt. Er braucht das Geld, und das war's dann auch schon.

Eine **Lösungsidee** habe ich nicht. Falls Sie es schaffen, tatsächlich in der Hierarchie so weit aufzusteigen, dass Sie eine Stabsstelle einnehmen, von der aus Sie etwas verändern können, dann misten Sie aus, entrümpeln Sie und entsorgen Sie die »alten Zöpfe«.

Danach erst können Sie die neue Führungskultur »nach unten« wirken lassen. Dann ziehen die Mitarbeiter auch wieder mit, weil sie merken, es wird auch »oben« etwas geändert. Im Grunde hat Frau Merkel es schon »vormachen« dürfen – allerdings mit einem unbefriedigenden Ende. Die CDU war nach dem Regierungswechsel so marode, dass eine Frau her musste. Jede »schlechte« Frau war immer noch besser als der »beste« Mann. Und nachdem dann alle Wunden geleckt waren, durfte sie wieder in den Hintergrund treten, denn es war wieder genug Kraft da, um zurück in die alten gewohnten Machtspiel-Klamotten zu schlüpfen.

Vielleicht können Sie sich mit der Auflösung alter Muster und den folgenden neuen anfreunden:

1. *Achte auf dein Wohlbefinden*: Eine bewusste Frau bewertet es höher, sich wohl zu fühlen als gut auszusehen.
2. *Sei offen*: Eine bewusste Frau sagt frei heraus, was sie denkt und fühlt.
3. *Sei verständnisvoll*: Eine bewusste Frau fühlt mit anderen, ohne sich deren Probleme aufzuladen.
4. *Fördere persönliches Wachstum*: Eine bewusste Frau gibt sich selbst und anderen Kraft.
5. *Sei entschlossen*: Eine ausgeglichene Frau setzt Grenzen.

4. Kapitel: Die weiblichen Grundlagen des Führens

Vorurteile und Verhaltensmuster

Im Februar 2002 waren in Deutschland nur 11% der Führungsposten mit Frauen besetzt. Damit bildete die Bundesrepublik das Schlusslicht in Europa.

Was unterstellt man Frauen, die Führungspositionen anstreben oder innehaben, nicht alles: Sie hätten sich nach oben »geschlafen«, hätten dem Chef schöne Augen gemacht und so weiter.

Solche Vorurteile machen es den Frauen nicht leicht, aus ihrem »Schattendasein« herauszutreten. Denn meistens wird von Männern entschieden, wer die nächste Karrieresprosse erklimmen darf.

Horst Rückle geht in seinem Buch »Körpersprache für Manager« noch einen Schritt weiter und interpretiert die weibliche Körpersprache bezüglich ihrer Wirkung auf Männer.

Er nennt das Ergebnis seiner Untersuchung die »Ich bin zu haben«-Haltung, welche aus folgenden weiblichen Verhaltensweisen oder Merkmalen bestehen soll:

- nach oben und leicht schräg gehaltener Kopf
- Blicke aus den Augenwinkeln
- nach vorn geschobener Brustkorb und dadurch ebenfalls nach vorn geschobene Brüste, oft mit eingezogenem Bauch
- häufiges Präsentieren der Innenhand, zum Beispiel beim Zurückstreichen der Haare

- wiegende und rhythmische Bewegungen beim Gehen (Hüften, Schultern)
- scheinbar unbeabsichtigtes Streicheln der eigenen Brüste oder Schenkel
- Suche von Nähe (Stäubchen werden vom Anzug des Gesprächspartners entfernt)
- Pflegeverhalten: Kaffee oder Gebäck werden angeboten.
- Ihre Hand hält oder berührt die Feuer anbietende Hand des Partners.
- der Rock wird zurechtgerückt, um den Blick auf die Beine zu lenken, oder als Putzverhalten (« Ich mache mich schön für dich«)
- Zurechtziehen des Pullovers, um die Aufmerksamkeit auf den Busen zu lenken, oder als Putzverhalten
- auffälliges Putzverhalten (Frisur, Kleidung, Make-up, Parfum).

Schon das Wort »Putzverhalten« hat bei mit fast hysterische Anfälle produziert. Zuerst wusste ich nicht, ob ich Tränen der Verzweiflung oder Lachtränen vergießen sollte. Beim näheren Hinsehen aber fiel mir auf, dass es in der Tat solche »Weibchen« gibt, die das Frauenbild nachhaltig prägen. Dadurch entstehen dann weitere Muster wie:

Frauen

→ verzetteln sich in Unwesentlichem
→ treffen kaum klare Entscheidungen
→ sind zu emotional und daher nicht belastbar
→ denken unlogisch
→ reden zu viel über unnütze Dinge (sie kommen nicht zur Sache)
→ sind, wenn sie ihre Tage haben, nicht zu ertragen
→ brauchen ihren Kopf zum Schminken

Und egal, ob wir diesen Klischees entsprechen oder nicht – sie haften an uns wie Blutegel.

Sollten wir nun beabsichtigen, uns aus diesem Geflecht von Verurteilungen, Vorurteilen, Klischees und so weiter zu befreien, indem wir mal auf den Putz hauen, klare Worte sprechen und unseren Unmut laut äußern, dann gelten wir als Emanzen (»Alice-Schwarzer-Syndrom«), haben Haare auf den Zähnen, sind unweiblich oder hysterisch.

Da ist es manchmal nicht leicht, sich auf seine weiblichen Stärken zu besinnen oder gar stolz darauf zu sein.

Dennoch, lassen Sie uns mal auflisten, was eventuell Stärken sind, obwohl wir selbst sie oft als Schwächen empfinden:

Weibliche Stärken	**Empfundene Schwächen**
Frauen äußern Kritik eher diplomatisch	Sie werden nicht ernst genommen
Frauen halten sich mit Selbstdarstellung zurück	Sie werden nicht wahrgenommen
Frauen kämpfen nicht ums Rechthaben	Sie sind somit keine ernsthaften Diskussionspartner
Frauen stellen häufig Fragen	Sie machen den Eindruck, als ob sie keine Ahnung haben
Frauen lassen andere ausreden	Sie werden selbst oft unterbrochen
Frauen überlegen, **bevor** sie etwas sagen	Sie verpassen damit den Einstieg in die Diskussionsrunde
Frauen versuchen nicht, durch persönliche Beleidigungen einen Gesprächsgegner kaltzustellen	Sie müssen sich aber solchen Anwürfen aussetzen und sind deshalb lieber ruhig

Weitere Verhaltensmuster auf diesem Gebiet, die uns unsicher wirken lassen:

1) »*Ich bin unsicher – ich brauche Zustimmung*« ist ein bekanntes Syndrom von Frauen. Das kann sich so auswirken, dass Frauen häufig die Frageform benutzen, um für das ohnehin schon Geplante eine Zustimmung zu bekommen: »Sag mal, findest du nicht, dass die Kaffeemaschine oft kaputt ist?« Antwort eines männlichen Gesprächspartners: »Dann kauf doch eine neue.« Antwort eines weiblichen Gesprächspartners: »Ja, das ist mir auch schon aufgefallen. Immer wenn ich mir mal einen Kaffee holen möchte, funktioniert sie nicht. Wir schaffen uns mal eine neue an.« Hier spielen gleich mehrere Verhaltensmuster eine Rolle: a)Die Frau hat bereits geplant, die Kaffeemaschine zu erneuern, fragt aber noch mal nach. b) Männer, die eine solche Frage hören, glauben, dass die Fragende dringend eine Antwort sucht. Sie geben sie bereitwillig, weil sie nicht wissen, dass Frauen die Frageform oft nur benutzen, um ein Gespräch zu eröffnen. Daher entsteht bei Männern der Eindruck, dass wir Frauen nichts wissen oder dass wir unsicher sind.

   Lösungsidee: Wenn Sie diese Abschwächung Ihrer Aussage vermeiden wollen, dann sollten Sie sich ruhig in entscheidenden Momenten von der Frageform verabschieden und die Tatsachen klar in den Raum stellen. Als Feststellung. Ohne Wenn und Aber.

2) »*Es wäre doch möglich?*« Der Konjunktiv ist die Möglichkeitsform, welche die Wirklichkeit vermissen lässt. Das kann vom Gesprächspartner so aufgenommen werden, als würden Sie sagen: »Ich glaube, aber ich weiß es nicht genau.«

   Lösungsidee: Trennen Sie sich, wenn's drauf ankommt, von Sätzen wie: »Ich würde sagen…«; »Könnte es sein…«; »Vielleicht sollten wir…«; »Eigentlich hätte ich gerne…«

3) *»Ich traue mich nicht, ›ich‹ zu sagen.«* Das kann zu Satzungetümen führen wie: »Man sollte während der Geschäftszeit mittags nicht so viel essen.« Stattdessen hätte genügt: »Ich habe keinen Hunger.« oder »Wie wär's mal wieder mit einem Treffen? Ich möchte mit dir reden.« Hierbei handelt es sich um indirekte Sprache. Diese Technik wird angewendet bei unbewusster Angst vor Zurückweisung oder Konfrontation.

   Lösungsidee: Bitte machen Sie sich bewusst, was Sie wirklich wollen, denn dann drücken Sie sich automatisch klarer aus. Dieses Um-den-heißen-Brei-Reden erspart Ihnen nicht die Ablehnung. Im Gegenteil, es kann zu zusätzlichen Missverständnissen führen wie in folgendem Beispiel nach einem Theaterbesuch. Sie fragt ihn: »Wollen wir nicht noch irgendwo einen Wein trinken?« Er: »Ich mag keinen Wein.« Hätte sie gesagt: »Ich möchte noch nicht nach Hau-se, lass uns noch in einem Lokal den Abend ausklingen lassen«, dann wäre ihr Anliegen klarer gewesen. Seine Antwort »Ich mag keinen Wein« wird von ihr eher als Ablehnung verstanden. Dabei hat er nur Bierdurst.

4) *»Wer bin ich schon…«* »Ich bin nur die Organisatorin«; »Ich bin nur Hausfrau«; »Ich bin keine Expertin auf diesem Gebiet«; »Das war nur so eine Idee von mir«; »Ich meine ja bloß«: All diese Formulierungen wirken wie eine Abschwächung durch Selbstabwertung, durch Entschuldigung. Und deswegen werden Sie zwangsläufig nicht als ernst zu nehmende Gesprächspartnerin betrachtet.

   Lösungsidee: Vergessen Sie die Herabsetzung und das zarte Herantasten an eine Sache. Immer hinein in den

Karpfenteich! Wer sagt denn, dass Frauen keine Hechte sein dürfen? Vielleicht macht es Ihnen ja sogar Spaß, ein paar Karpfen in Unruhe zu versetzen.

Was noch in diese Rubrik gehört: Redebeiträge von Frauen werden von Männern oft nicht beantwortet, sondern bewertet, zum Beispiel mit dem Satz: »Die Überlegungen meiner Vorrednerin sind wohl noch etwas unausgegoren...« Und schon sind wir gezwungen, uns zu verteidigen, kommen aus dem Konzept oder sind ganz einfach sprachlos.

Frauen spielen ihre eigene Autorität gerne runter, weil sie es als unangenehm empfinden, sich in den Vordergrund zu drängen oder im Mittelpunkt zu stehen.

Da werden dann schon mal lobende Äußerungen zu einer hervorragend gelungenen Organisation etwa mit den Worten heruntergespielt: »Das war doch nichts Besonderes« oder »Da war doch nichts dabei...«

Zündstoff für Konflikte: Wenn die Bereitschaft zu Freundlichkeit und Kooperation immer wieder abgewertet wird, macht einen das auf Dauer ärgerlich und dieser Ärger kann der Motor für Unsicherheit sein. Diese wird wiederum kompensiert mit vermeintlicher Härte, was die Mitarbeiter nicht verstehen. Das Wir-Gefühl im Team wird zerstört.

Lösungsidee:

Sie sollten diese ganzen möglichen Ärgernisse zunächst in aller Ruhe betrachten. Bitte beobachten Sie sich, damit Sie Ihre wunden Punkte kennenlernen. Das, was Ihnen bewusst ist, können Sie behandeln. Wenn aber Ärgernisse wie ein »Klingelknopf« auf Sie wirken, auf den Sie automatisch reagieren, dann werden Sie nie in der Lage sein, sich eine andere Strategie anzugewöhnen. Sie werden immer auf vermeintliche Angriffe hereinfallen und beim Schattenboxen Kraft verlieren. Wir können in Jahrhunderten gewachsene Kaderstrukturen nicht in wenigen Jahren auflösen.

Harmonie – aber nicht um jeden Preis

Womit Frauen ebenfalls zu kämpfen haben, das ist ihr ausgeprägtes Harmoniebedürfnis.

Wenn sie verbal angegriffen werden, setzen Frauen lieber auf Rückzug statt auf Kampf.

Wenn zum Beispiel ein männlicher Kollege sie fragt: »Können Sie als Frau das überhaupt beurteilen?«, wird oft wütend geschwiegen anstatt souverän gekontert.

Frauen schwächen klare Worte (die sie unbedingt äußern sollten) gern ab durch Entschuldigen oder übertriebenes Bedanken.

Ein Beispiel: Die Chefin muss mit einem Mitarbeiter dringend etwas klären und fragt: »Entschuldigung, könnte ich Sie nachher einmal kurz sprechen?« Es kann passieren, dass das »Entschuldigung« und der freundliche Konjunktiv »könnte« als fehlende Klarheit gedeutet werden und dadurch Ihre Autorität geschwächt ist.

Oder Sie sagen in einer Sitzung bei Meinungsverschiedenheiten: »Entschuldigung, da bin ich aber ganz anderer Ansicht.« Und schon wirken Sie zu weich und werden als Diskussionspartnerin nicht weiter beachtet.

Schädlich ist ebenfalls ein »Danke, dass Sie mir zugehört haben« bei einer Diskussion, in der Sie länger gesprochen haben. Das ist sicher sehr höflich, aber fürs Durchsetzen fatal.

Lieber auf ein klares Wort zu verzichten, als einen Konflikt heraufzubeschwören oder auf Ablehnung zu stoßen, ist ein schädliches Motto, besonders in Führungspositionen. Angela Merkel soll, so zitiert der STERN die Meinung aus den eigenen CDU-Reihen, deshalb gescheitert sein, weil sie »zögerlich« sei, sie »packe nicht zu«. Sie sei frei von jeglicher Selbstkritik – bei Männern Stehvermögen genannt. Weiter wurde postuliert, dass allgemein bei Frauen eine leichte Hautrötung bedeutet: »Jetzt heult sie gleich«, und ein paar laute Worte folgende Reaktion auslösen: »Jetzt ist sie auch noch hysterisch«. Der Mann kommt da besser weg, er wirke nämlich im emotionalisierter Gemütsverfassung immer: leidenschaftlich, wütend, standhaft!

Was dem klaren, standhaften Eindruck von Frauen ebenfalls abträglich ist: zu häufiges und an falscher Stelle im falschen Moment eingesetztes Lachen oder albernes Kichern. Stellen Sie sich vor, Sie stehen in einer Runde potenzieller Kunden und machen eleganten Smalltalk auf hohem Niveau. Ihr Chef nähert sich der Gruppe mit der Bemerkung: »Na, hat Frau Schöner schon dafür gesorgt, dass Sie Kaffee bekommen?« Sie lachen perlend und sagen: »Natürlich, ha, ha, ha.« Hier ist das Lachen unangebracht und allenfalls ein Mittel zum »Zähnezeigen«. Denn das Niveau, auf welches Sie mit dem Hinweis auf den Kaffee reduziert werden, ist Grund genug, die Zähne zu zeigen.

Stellen Sie sich weiter vor, dass Sie mit dieser Gruppe eine Firmenführung machen und immer wieder irgendjemand eine lobende Bemerkung über Ihr Aussehen, Ihr Unternehmen, Ihre Organisation und so weiter macht. Unversehens reagieren Sie wie folgt: »Danke, das ist reizend von Ihnen, vielen Dank« und Sie kichern zwischendurch. Sie verspielen mit dem Gekicher oder aufgesetztem Lachen Ihre Kompetenz.

Bitte lachen Sie nur, wenn Sie wirklich Grund dazu haben. Kichern ist nebenbei bemerkt auch eher ein Zeichen von Verlegenheit statt von Selbstsicherheit.

Der Autor Scott Adams empfiehlt den Frauen das Fluchen in seinem Buch »Das Dilbert Prinzip«. Fluchen sei der Schlüssel zum Erfolg der Frau, denn unter Männern sei Fluchen etwas Verbindendes. Raue, sexistische Sprache schweiße zusammen.

Er bringt folgendes Beispiel: Ein Mann geht in das Büro eines Kollegen, um ihm einen Bericht zu zeigen. Dort wird er mit der Antwort abgespeist »Mensch, steck dir den Bericht in den Arsch und verpiss dich.« Dann flachsen beide herum und machen noch ein paar obszöne Witzchen. Die lebenslange Verbundenheit ist hergestellt.

Was geschieht, so schreibt Adams weiter, wenn ein Mann in das Büro einer Kollegin geht und ihr die Zeit stiehlt? Sie wird sagen: »Du, im Moment bin ich ziemlich beschäftigt.« Was ihn sofort dazu veranlasst, die sanfte Abweisung zu ignorieren, sich einen Stuhl zu holen und ihr eine Stunde ihrer wertvollen Zeit zu stehlen. Sie kommt zu nichts mehr.

Jetzt stellen Sie sich weiter vor, diese Frau würde in gleicher Form fluchen wie die Männer. Also, der Kollege kommt herein, will über einen Bericht quatschen und sie würde sagen: »Steck dir den Bericht in den Arsch und verpiss dich.«

Wahrscheinlich wird der Mann geschockt sein und sich sicher keinen Stuhl holen. Er wird auch kein Zusammengehörigkeitsgefühl mit der Kollegin entwickeln, sondern den Rückzug antreten. Die Frau kann sich ungehindert mit ihrer Arbeit beschäftigen, ohne dass sich noch jemand traut, ihr unnötig »das Ohr abzukauen«. Die Folgen? Vielleicht bittet diese Frau nach einiger Zeit diesen Mann um einen Gefallen. Jetzt hat sie Glück, schreibt Adams, denn Männer (er muss es ja wissen) seien es von früh auf gewohnt, Beschimpfungen von Frauen zu ertragen und würden daher schnell darüber hinweg kommen. Und ich – Dagmar Kohlmann – sage, Männern geht ein solcher Anwurf nicht so unter die Haut, und sie vergessen schnell! Für den unwahrscheinlichen Fall, dass der Kollege doch nachtragend ist, empfiehlt er die nächste klare, fluchende Anweisung: »Mach ein bisschen dalli, sonst reiße ich dir die Eier ab und tackere sie dir anss Hirn«. Tja, in dieser Liga zu spielen, ist uns das je möglich?

Adams meint, Fluchen sei eine »Grenzüberschreitung« und ein Zeichen weiblicher Macht. Ohne die Fähigkeit, richtig derb zu fluchen, hätten wir kaum Chancen, ernst genommen zu werden.

Aber ich fürchte, dass wir doch eher auf das alte Muster zurückgreifen werden: lieber mehr Zurückhaltung als Machtanspruch. Lieber eine unangenehme Aufgabe selbst erledigen, als sie jemand anderem zuzumuten.

Zündstoff für Konflikte: Wegen der eigenen Freundlichkeit zu nichts Produktivem mehr zu kommen, kann Sie in Teufels Küche bringen. In harmlosen Situationen könnten Sie dann schon überreagieren, was zu Klimaverschlechterung und Autoritätsverlust führt.

Lösungsideen:

Falls Ihnen das Fluchen überhaupt nicht liegt, dann können Sie ja eine etwas elegantere Form des Abwimmelns wählen, etwa: »Du, ich habe zu tun und möchte, dass du mich in Ruhe lässt.«

Der Kollege wird versuchen, Sie doch noch zu überreden. Sie wiederholen Ihren Satz ein bisschen strenger und ignorieren den Kollegen.

Er wird es ein drittes Mal versuchen und Sie sagen noch bestimmter (nicht gereizter) den gleichen Satz. Das nennt sich »Platte mit Sprung« – dann wird er sich trollen.

5. Kapitel: Die männlichen Grundlagen des Führens

Die so genannten männlichen Stärken

Aktionismus: Schon kleine Jungen zeigen weniger Angst und mehr Abenteuerlust als Mädchen, was für das Erklimmen der Karriereleiter gute Voraussetzungen sind.

Streiten: Die »rituelle Opposition« bereitet Männern Freude. Nach dem Motto: »Ich knalle dem Gegner erst mal eine verbale Hürde (Angriff, Beleidigung) in den Weg und er muss sie wegräumen.« Männer knallen Türen, um ihre Wut zu zeigen, und sitzen ungeklärte Sachverhalte aus.

Dominantes Auftreten: Männer sorgen dafür, dass sie nicht übersehen werden, durch lautes Auftreten, Sprechen und/oder dominantes Verhalten.

Selbstlob: Männer reden oft über das, was sie gut können, selten über ihre Schwächen.

Gefühlskontrolle: Wenn es Ärger im Job gibt, kämen Männer nie auf die Idee, vor ihrem Chef oder den Kollegen zu weinen.

Egoismus: Männer investieren mit größerer Selbstverständlichkeit in sich selbst. Sie leisten sich eher teure Statussymbole, als Frauen das tun.

Schweigsamkeit: Männer machen Probleme mit sich selbst aus, sie tragen das Herz nicht auf der Zunge. Deswegen gelten sie als weniger angreifbar.

Wie Männer sich sehen

Die Zeitschrift »Für Sie« hat vor einiger Zeit die Frage gestellt: »Warum plagen Männer keine Selbstzweifel?« Der Autor des Artikels Dietmar Bittrich fand heraus, dass Männer sich schön finden, auch wenn das Spiegelbild etwas anderes zeigt.

Männer *identifizieren* sich mit den männlichen Models auf den Magazinen: »Ja, so ungefähr sehe ich aus.«

Frauen hingegen *vergleichen* sich mit den Models (und untereinander): »Was die hat, fehlt mir.« So brachte es der Chef einer Modelagentur auf den Punkt.

Diese Art der Fehleinschätzung seiner Person überträgt der Mann auch auf seine Accessoires und seine Fähigkeiten. Er hat den schnellsten Computer, fährt am besten Auto, trainiert am härtesten, kennt sich aus, durchschaut alles! Er gehört zur Elite. Darüberhinaus ist er noch Weinkenner, Feinschmecker und überlegener Kommentator von Fußballübertragungen.

Der Mann als solcher macht auch niemals Fehler. (Diese Eigenschaften sprechen sich übrigens 73% aller Männer zu, aber nur 11% der Frauen.) Und wenn ein Mann einen Fehler macht, meint der New Yorker Psychologe George Smalley, dann gibt er es nicht zu. Wenn sich der Fehler nicht mehr abstreiten lässt, findet er flugs jemand anderen, dem er die Schuld in die Schuhe schiebt. Oder er merkt nicht einmal, dass er einen Fehler gemacht hat. Und deshalb kann er nicht aus ihnen lernen.

Einen wichtigen Unterschied zwischen Frau und Mann sieht Smalley darin: Sie lernt ihr Leben lang, er bleibt im Knabenalter stehen.

Jeremy Samuelson, der Service-Chef des Software-Unternehmens Microsoft, schildert, dass von Männern pausenlos

Beschwerden kommen, dass am Programm oder am PC etwas nicht stimme. Von Frauen bekomme er solche Beschwerden fast nie. Er gehe davon aus, dass Frauen die Schuld bei sich selbst suchen, wenn etwas nicht stimmt. Männer seien solche Deutungen fremd. Gingen die Service-Techniker den Reklamationen nach, stelle sich heraus, dass 97% der Fehler weder vom Computer noch von der Software verursacht wurden, sondern von dem Mann an der Tastatur!

Aus dem bisher Gesagten können wir folgende Schlüsse ziehen: Männer sehen sich als Macher, Frauen sind Unterstützerinnen, Zurücksteckerinnen.

Das hindert Frauen daran, an die Spitze zu kommen, weil sie in der Breite den Anspruch haben, menschliche Arbeit zu verrichten. Sie wollen etwas auf stabile Füße stellen, damit es nicht an der Spitze wackelt und zum Scheitern verurteilt ist.

Deshalb die Redensart: »Hinter jedem erfolgreichen Mann steht eine Frau« (Und hinter jeder erfolgreichen Frau die beste Freundin?)

Die »Süddeutsche Zeitung« veröffentlichte Ende Februar 2002 folgende Studie (von Accenture) zu dem Thema »Mit männlichen Stärken in die Chefetage«. Das Ergebnis war: Um Führungspositionen zu erlangen, bräuchten Frauen neben unternehmerischen und analytischen Fähigkeiten vor allem Entschluss- und Durchsetzungskraft. Weibliche Stärken wie Teamfähigkeit und Einfühlungsvermögen seien demnach für die Karriere nicht förderlich. Frauen würden (außer in der Politik) nicht nach Macht streben.

Zündstoff für Konflikte: Frauen haben nicht mehr die geringste Lust, sich immer wieder in diese pauschalen Urteilsraster pressen zu lassen. Wir sind es leid, uns auf das Soziale, auf das Einfühlen, die Fürsorge und Ähnliches »reduzieren« zu lassen. Natürlich sind wir auf diesen Gebieten kompetent, das bedeutet aber noch lange nicht, dass wir nicht auch nach Macht streben.

Der Rückschluss liegt nahe, dass immer noch Machtstreben für anerkennenswert und alles andere für unwichtig gehalten wird.

Drehen wir den Spieß doch einmal um und behaupten, Machtstreben allein sei unwichtig, es fehle den Männern die ganze Palette der sozialen Kompetenz. Und erst wenn sie die beherrschen, dann dürften sie in Führungspositionen aufsteigen. Und ob sie den erforderlichen Grad der Reife erlangt haben, sollten wir Frauen entscheiden!

Wohin einseitiges Machstreben und Profitgier führen, sieht man an den Riesenpleiten, die Deutschland durchschütteln: Kirch, Holzmann, Fairchild-Dornier, Herlitz. Alle stellten Insolvenz-Anträge. Das haben wir also den Machern an der Macht zu verdanken. Ich glaube nicht, dass wir Frauen den Mut gehabt hätten, das Firmenkapital durch »Zocken« zu verbraten.

Lösungsidee:

Wir Frauen sollten nicht den Kopf einziehen und uns mit dem »Friede-Freude-Eierkuchen«-Image abfinden. Wir sollten aus Wut darüber, dass dieses Image immer noch an uns haftet, nicht nur ab und zu mal zaghaft gegen das Gitter drücken. Nein, wir sollten lautstark am Gitter rütteln, deutlich werden und unangenehme Dinge zur Sprache bringen; wir sollten uns auch ohne Scheu in die nächsthöhere Ebene begeben und Position beziehen.

Fangen Sie bei relativ belanglosen Anlässen an, den »Advocatus Diaboli« zu spielen und spaßeshalber irgendeine gegenteilige Meinung zu vertreten. Das ergibt zwar sachlich keinen Sinn, schult aber ungemein, unangenehme Reaktionen der anderen auszuhalten.

6. Kapitel: Die Facetten der Macht

Wie Sie die Opferrolle überwinden

Wenn Sie wie ein Opferlamm durch die Welt gehen, signalisieren Sie damit einem potenziellen Täter: »Bitte greif mich an!« Man kann auch sagen: »Wer den Buckel hinstreckt, muss sich nicht wundern, wenn jemand draufhaut.«

Und manchmal wird weibliches Verhalten, wie dauerndes freundliches Lächeln, häufiges Sich-Entschuldigen, zu leises Sprechen, verhaltene Bewegungen und so weiter als Aufforderung empfunden, auf den imaginären Buckel zu schlagen.

Die Opferrolle (auch Machtvakuum genannt) wurde bereits in der Kindheit geprägt: Kinder, die Widerworte gaben, wurden bestraft, Kinder die lieb waren (sich unterordneten), hatten es leichter.

Ein liebes Mädchen war ein pflegeleichtes Sonnenscheinchen für die Eltern und überall gut »vorzeigbar«. Dafür wurde den lieben Kleinen der eigene Willen aberzogen, aus dem »*ich will*« wurde ein »*wie Ihr wollt*«.

Daher hat Machtanspruch immer noch etwas Unmoralisches, denn er geht einher mit dem Anspruch: »Ich will über dich bestimmen.«

Menschen mit einem »Machtdefizit« oder Machtvakuum wirken:

- → zurückgenommen
- → stehen oder sitzen leicht gebeugt

- → neigen dazu, die Schultern etwas hochzuziehen
- → haben oft flüchtigen oder gar keinen Blickkontakt
- → lächeln häufig völlig grundlos, um den Gesprächspartner zu beschwichtigen
- → nehmen im Sitzen und im Stehen wenig Platz in Anspruch; Arme und Beine bleiben dicht am Körper.

Solche Menschen gelten als extrem anpassungsfähig, sie vertreten ihre eigenen Rechte kaum oder gar nicht. Sie setzen keine Grenzen und es fällt ihnen schwer, rücksichtslose oder gar gewalttätige Menschen in ihre Schranken zu weisen.

Sie stellen sich Konflikten ungern, lassen sich leicht von den eigenen Zielen abbringen und sind in der Rolle des lieben, netten und gutmütigen Menschen gefangen.

Der natürliche Umgang mit Macht ist deshalb ziemlich schwierig, weil die Begriffe Macht und Machtmissbrauch semantisch oft in einen Topf geworfen werden.

Wenn Sie *Macht* jedoch mit *Machen* assoziieren, dann bekommt Macht ein anderes Gesicht. Und dann wird das *Machen* eine Selbstverständlichkeit. Die Voraussetzung dafür ist, dass Sie ein Ziel haben, auf welches Sie macht- und kraftvoll zustreben.

Vielleicht wollen Sie in drei Jahren die Abteilung wechseln und dann für hundert Mitarbeiter verantwortlich sein, oder Sie wollen den Umsatz verdreifachen oder in den Vorstand berufen werden, ganz egal.

Das erreichen Sie nicht, indem Sie freundlich und zurückhaltend abwarten, bis sich endlich jemand an Sie erinnert. Sie brauchen Voll*machten,* um frei agieren zu können.

Frauen lassen sich vor lauter Dankbarkeit, dass sie überhaupt beachtet wurden (und den Posten bekamen), bereitwillig viel Verantwortung auf die Schultern laden, ohne die dafür notwendigen Kompetenzen zu haben.

Sie müssen oft in der nächsthöheren Ebene um Erlaubnis fragen, wenn Sie etwa über eine bestimmte Budget-Summe verfügen wollen. Das macht den Eindruck, als ob man Sie noch nicht »frei laufen« lassen kann, und Sie sind somit *machtlos*.

Der Eindruck, dass Männer die Macht haben und Frauen die Verantwortung tragen, hält sich hartnäckig. Dieses Ungleichgewicht wird Sie immer ins Hintertreffen bringen. Selbst wenn es objektiv nicht zutrifft, ist es unendlich schwierig, solche Stimmungen umzuwandeln. Kaum jemand wird sich die Mühe machen, mal ein bisschen genauer hinzuschauen, um dann erstaunt auszurufen: »Das, was ich bisher über Frau Schöner dachte, stimmt ja gar nicht! Sie hat ja viel mehr Macht, als ich dachte!«

Sie dürfen und müssen Verantwortung ablehnen, wenn sie nicht in Ihren direkten Aufgabenbereich gehört, denn Sie können und wollen nicht immer Ihren Kopf hinhalten. Außerdem geraten Sie in den Verruf, auf Ihrem Posten eine Fehlbesetzung zu sein, wenn etliches, was Sie zu verantworten haben, nicht richtig funktioniert.

Zur Macht gehört auch Präsenz. Zeigen Sie sich immer wieder bei Veranstaltungen, Geburtstagsfeiern, Konferenzen und Ähnlichem, bei denen man »unter sich« ist.

Setzen Sie sich in der Kantine eher zu »Ihresgleichen«, denn hier werden informell mehr Dinge entschieden und Informationen ausgetauscht, als wir uns träumen lassen. Tun Sie das auch auf die Gefahr hin, sich bei Ihren Exkollegen unbeliebt zu machen, weil Sie durch Ihr Verhalten dokumentieren, dass Sie nicht mehr zu ihnen gehören.

Bedenken Sie, dass die Führungsriege sich auf dem Tennisplatz oder beim Golfen trifft. Auf diesem Parkett müssen Sie sich bewegen, ohne den Eindruck zu vermitteln, dass Sie sich unsicher fühlen, sonst geht der Schuss nach hinten.

Ohne eine persönliche Machtausstrahlung verpufft ein noch so perfekt geplanter Auftritt. Eine selbstbewusste Ausstrahlung (ohne sich arrogant oder aufgeblasen zu verhalten) findet zumindest Beachtung und Sie finden sich gut – und mögen sich leiden.

Männer nutzen öffentliche Auftritte dazu, in einer hierarchischen Ordnung ihren Status zu bestätigen oder neu zu definieren. Sie glänzen mit sprachlichen Darbietungen und stellen ihr Wissen zur Schau, auch wenn es niemanden interessiert. Wir Frauen würden eher einen Regenwurm essen als uns so zu benehmen!

Lösungsidee:

Wir sollten uns nicht ständig selbst hinterfragen. Es gilt, ein eigenes Machtbewusstein zu entwickeln, das das von Männern etablierte kritisiert, ablehnt, hinterfragt und korrigiert. Um das zu erreichen, müssen weibliche Kräfte gebündelt werden.

Zündstoff für Konflikte: alles

Die »gläserne Decke« zur Kaderspitze

Jetzt fragen Sie sich vermutlich, was mit der »gläsernen Decke« gemeint ist. Das ist etwa so, als ob der Frosch in der Milch strampelt und immer noch strampelt, und weil er eine Frau ist noch mehr strampelt und diese verfluchte Milch wird eben nicht zu Butter!

Wenn Sie die bereits erläuterten Kaderstrukturen näher betrachten, werden Sie bemerken, dass es eine gläserne Decke gibt. Und zwar zwischen der Schicht, die sich noch bewegt und lebendig ist, die etwas erreichen und verändern will, die den Wandel lebt und liebt und der Schicht, die sich an der Kaderspitze befindet, die also an der Macht ist.

Ein Beispiel aus meiner Praxis: Eine bekannte Versicherungsgesellschaft trat mit der Anfrage an uns heran, ob wir bei der nächsten großen Mitarbeiter-Tagung ein wenig frischen Wind in die verstaubte Veranstaltung bringen könnten. Man stellte sich vor, dass wir ein paar Sketche entwickeln sollten, die die Unzufriedenheit der Mitarbeiter widerspiegeln. Die Sketsche hatten den Sinn, spielerisch darzustellen, wo der Schuh drückte, und die Personalabteilung erhoffte sich dadurch eine Verbesserung des Arbeitsklimas.

Wir waren davon überzeugt, dass dies ein guter Ansatz war, und holten uns die Erlaubnis, im Konzern Recherchen anzustellen.

Die Mitarbeiter platzten mit ihrer Unzufriedenheit nur so heraus und wir sammelten sehr viel brauchbares Material.

Die Personalabteilung entschied, welche der drei von uns entwickelten Geschichten aufgeführt werden sollten, und wir machten uns daran, das Drehbuch zu schreiben.

Allein die Vorbereitung auf die Aufführung verbesserte schon ein wenig die Stimmung in der Belegschaft. Die Mitarbeiter glaubten zwar nicht wirklich, dass sich nach der Aufführung etwas gravierend ändern würde, aber sie hatten das Gefühl, dass ihre Probleme endlich einmal ernst genommen wurden.

Wir hatten auch den Eindruck, dass man auf diesem Wege der Konzernspitze die Botschaft übermitteln wollte: »Uns stinkt hier einiges.«

Wir haben die Personalabteilung immer mit eingebunden, weil wir nicht Gefahr laufen wollten, am Thema vorbei zu schreiben oder zu »frech« zu werden.

Kurz bevor das Drehbuch fertig war, erhielten wir die Nachricht, dass der Vorstand doch wissen wollte, was für die

Versammlung geplant war. Das solle uns aber nicht abhalten, schon einmal mit den Proben zu beginnen, denn dies sei eine reine Formsache, so wurde uns mitgeteilt.

Kaum hatte der Vorstand einen Blick auf unser kritisches Werk geworfen, wurde es verboten. Wir bekamen nur die knappe Auskunft, der Vorstand wolle es nicht. Kein weiterer Kommentar.

Allerdings konnten wir uns die Gründe zusammenreimen: Das Unternehmen schrieb einen zweistelligen Gewinnzuwachs. Warum also sollte sich der Vorstand durch uns die Laune verderben lassen? Die Mitarbeiter funktionierten doch – auch ohne Seminartheater.

Jenseits der »gläsernen Decke« gelten andere Gesetze.

Die Herren dort sind verantwortlich für ungeheure Summen Geld und sie haben eine enorme Entscheidungsfreiheit, aber sie haften für nichts.

Ein weiteres Gesetz lautet: Ein Vorstand hat immer Recht, und wenn er Fehler macht, dann sind die Umstände schuld.

Wer es bis an die Spitze geschafft hat, ist vor Verfolgung relativ sicher. Das beweisen die Karrieren zahlreicher Top-Manager, denen auch gravierende Fehlleistungen nichts anhaben konnten.

Günter Ogger schreibt dazu: »Über die deutsche Wirtschaft herrscht das Top-Management so, wie früher der Adel über die Leibeigenen.«

Manager steuern, als Vorstände oder Geschäftsführer, nahezu alle großen Unternehmen der Republik.

Zwar kampft auch auf dieser Ebene jeder gegen jeden, aber wenn es um die Gesamtinteressen geht, beweisen die Herren in den Führungsetagen exzellenten Korpsgeist.

Selbst wenn es auf tieferen Hierarchiestufen nicht so krass zugeht: Sich bekämpfende Futterneider gibt es auch dort. Allerdings werden die Kämpfe ab einer gewissen Ebene unter Männern ausgemacht, Frauen haben da nichts zu suchen.

Aber nun drängen die Frauen in diese Hochburgen der männlichen Eitelkeiten. Daher vermute ich, dass es »gläserne Decken« bereits zwischen darunter liegenden Hierarchiestufen gibt. Ebendort, wo Männer ihren Status gefahrlos unter sich aushandeln konnten.

Erlauben Sie mir eine ketzerische Frage: Wollen wir denn diese Hochburgen wirklich erobern? Wenn nicht, könnte das der Grund dafür sein, dass wir Frauen dort so selten anzutreffen sind?

Es erhebt sich weiterhin die Frage: Verhindern die Männer, dass wir ihnen zu nahe kommen und ihnen eventuell hinter die »Das machen wir unter uns aus«-Kulissen gucken, oder haben wir gar keine Lust, diese Spielregeln zu akzeptieren?

Daher der Begriff »gläserne Decke«: Man kann hindurchschauen und es sieht auch alles friedlich und verlockend aus, aber wenn wir einen zaghaften Versuch unternehmen, dorthin zu gelangen, stoßen wir uns den neugierigen Kopf an der unsichtbaren »gläsernen Decke« an. Oder unsere Versuche sind so zaghaft, dass wir bei der ersten Berührung mit der Decke bereits den Kopf für immer einziehen.

Daher noch einmal die Frage: Wollen wir wirklich dort hinauf oder brauchen wir Frauen eigene Spielregeln und eigene Betätigungsfelder? Warum sollten wir uns mit dem Kriegsgeschrei und den Ellenbogen-Kämpfen belasten, wenn wir mit klarem Verstand und einer gesunden »Regeltechnik« auch ans Ziel kommen?

Allerdings besteht die Gefahr, dass durch die verkrusteten Machterhalt-Strukturen die deutsche Wirtschaft bald so brach liegt, dass selbst wir Frauen nicht mehr viel bewirken können.

Es muss aber betont werden: Die Wirtschaft braucht reife Menschen, die den *Gesamterfolg* vor den *Einzelerfolg* stellen und diese Einstellung haben wir Frauen quasi in die Wiege gelegt bekommen.

Zündstoff für Konflikte sind das Erstarren im Hierarchie-Muff, ohnmächtiges Auf-der-Stelle-Treten, Frust, Langeweile, Resignation und Interesselosigkeit.

Lösungsidee:

Sie sollten Grenzen klar erkennen und sich nicht darüber ärgern, dass Sie sich nicht ausstrecken können, ohne an die »gläserne Decke« zu stoßen.
Sie ärgern sich ja auch nicht, wenn ein Rosenstrauß in der Vase schnell verblüht, weil Sie wissen, dass Schnittblumen nur eine kurze Lebensdauer haben. Wenn Sie längere Zeit etwas von den Rosen haben möchten, dann pflanzen Sie eben einen Rosenstock.
Und genauso ist es im wirklichen Leben: Verschwenden Sie nicht Ihre wertvolle Energie für etwas, was ohnehin nicht zu ändern ist.
Machen Sie sich in jeder Phase Ihrer Karriere bewusst, wo Sie stehen und wo Sie hin möchten. Dann kommen sie sich bald nicht mehr vor wie der Frosch in der fettarmen Milch, die nie zu Butter wird, denn Sie können immer wieder die Richtung ändern, um an Ihr Ziel zu kommen. Das macht Sie selbstbewusst und autark.

Wie Sie selbstbewusst und machtvoll auftreten

Wenn Ihr künftiges Auftreten selbstbewusst ist, dann wirken Sie auch »machtvoll«. Was zeichnet selbstbewusste Frauen aus?

- Selbstbewusste Frauen treten fest auf und schleichen nicht mit eingezogenem Kopf dicht an der Hauswand entlang.
- Selbstbewusste Frauen halten festen Blickkontakt und weichen nicht unsicher den Blicken anderer aus.
- Selbstbewusste Frauen haben eine gerade Haltung und beanspruchen Raum, wo immer sie gehen oder sitzen, und sie machen sich nicht klein, indem sie die Arme fest an den Körper pressen.
- Selbstbewusste Frauen drücken sich klar aus und sprechen eine deutliche Sprache mit »bestimmtem« Tonfall. Sie vermeiden »indirekte Sprache« (zum Beispiel: »Man könnte ja mal wieder ein Wochenende zusammen verbringen« statt »Ich möchte mit dir das Wochenende verbringen«).
- Selbstbewusste Frauen setzen Grenzen und sagen Nein, ohne ein schlechtes Gewissen zu haben.
- Selbstbewusste Frauen strahlen eine natürliche Freundlichkeit aus, ohne das »Bitte-habt-mich-lieb«-Lächeln.
- Selbstbewusste Frauen behandeln sich selbst so, wie sie von anderen behandelt werden wollen – nämlich gut.
- Selbstbewusste Frauen sagen Danke, wenn sie etwas erhalten haben, aber nicht dafür, dass man sie überhaupt wahrgenommen hat.
- Selbstbewusste Frauen formulieren ihre Meinung nicht in Frageform, sondern sagen, was sie denken.

Menschen, die unter dem Zwang stehen, immer lieb sein zu müssen, kann man sich im übertragenen Sinn vorstellen wie Menschen, die nur auf einem Bein durchs Leben hüpfen. Das andere Bein hängt unbenutzt in der Luft und wird geschont. Da man auf einem Bein aber leicht das Gleichgewicht verliert, kann man diese Menschen leicht umwerfen.

Das Standbein repräsentiert in unserem Bild die Zwänge, unter denen wir Frauen oft stehen, wie etwa leises Sprechen, häufiges Lächeln, Konfliktscheu, das Herabsetzen eigener Leistungen oder das Verleugnen eigener Bedürfnisse zugunsten anderer.

Um selbstbewusst und machtvoll auftreten zu können, müsste das eigentlich machtvolle unbenutzte Bein trainiert werden. Es besteht aus all den Punkten, die die vorstehende Auflistung enthält.

Wenn Sie nach einigem Training mit beiden Beinen fest auf dem Boden stehen, werden Sie ein ganz neues Lebensgefühl entwickeln und mit Begeisterung Ihre Ziele verfolgen können.

7. Kapitel: Alles, was zum Führen führt

Führen durch sprachliche Rituale

Männer müssen jeden verbalen Schlagabtausch um *jeden Preis* gewinnen und benutzen dazu die *verbale Opposition* (siehe Deborah Tannen: »Job Talk«).

Stellen Sie sich vor, Sie haben eine Mitarbeiterkonferenz einberufen, und einer Ihrer Mitarbeiter gehört zu den Menschen, die sich gern in Szene setzen.

Sie haben ein Problem zur Diskussion gestellt und hoffen, dass dieses Problem in der Gruppe gelöst wird.

Ihr Exkollege Bernd reißt sofort das Wort an sich und erläutert erst einmal den Stand der Dinge aus seiner Sicht. Er stellt Behauptungen auf, die Sie für unsinnig halten. Ein anderer Kollege, Alexander, redet dauernd dagegen an. Sie merken schnell, dass Bernd keine Ahnung hat, wovon er spricht. Das hindert ihn aber nicht daran, Alexander wiederum ständig ins Wort zu fallen und neue (aus Ihrer Sicht ziemlich unsinnige) Argumente ins Spiel zu bringen. Die beiden schaukeln sich richtig hoch. Das wiederum stößt beim Rest der Belegschaft auf heftigen Widerstand, was Bernd erneut anspornt, und jetzt redet er sich so richtig in Fahrt.

Er unterbricht, er lehnt andere Meinungen ab, er macht sich über die Argumente lustig und reagiert sogar ein wenig aggressiv.

Die Frauen werden immer stiller, die männlichen Kollegen haben auch Spaß an diesem Spiel und halten begeistert mit.

Und zu Ihrem großen Erstaunen stellen Sie fest, dass Bernds Argumente allmählich immer logischer und überzeugender werden.

Sie hatten zum ersten Mal Gelegenheit, aus der Sicht einer Beobachterin an einer solchen »Wandlung« teilzunehmen. Und Sie entdecken einige Parallelen zu den Abteilungsleitertreffen, in welchen Sie häufig ungläubig kopfschüttelnd den Mund hielten, weil es sich aus Ihrer Sicht nicht lohnte, an der Diskussion überhaupt noch teilzunehmen, da die Argumente sich ähnlich unsinnig anhörten wie hier in Ihrer Mitarbeiterrunde.

Was ist passiert? Bernd hat nichts anderes getan, als sich in das Spiel »Rituelle Opposition« zu begeben.

Das Spiel geht folgendermaßen: Man nehme irgendeine unsinnige Meinung, beharre auf ihr, und je mehr die anderen versuchen, diese Meinung zu kippen, umso mehr verteidige man sie. Je mehr man sie verteidigen muss, umso mehr strengt man sich an und konzentriert sich auf das Gesagte, und siehe da, wie durch ein Wunder wird diese ehedem unsinnige Meinung immer fundierter. Plötzlich bekommt sie sogar einen Sinn und zum Schluss ist sie logisch und schlagkräftig.

Das bedeutet: Männer konstruieren erst während des Schlagabtauschs ihre Meinung. Sie steigern sich in ihre eigene Überzeugung hinein und benutzen die Gegenargumente der restlichen Gruppe, um sich – wie in einem sportlichen Wettbewerb – durch geistige Höchstleistung selbst von der eigenen Ansicht zu überzeugen.

Frauen verfahren da ganz anders: Sie bilden sich vorher eine Meinung und warten auf eine günstige Gelegenheit, die hervorragenden, wohl durchdachten, gut recherchierten, beweisbaren, nachvollziehbaren, hieb- und stichfesten Argumente ins Spiel zu bringen.

Es gibt nur ein Manko: Sie kennen die männlichen Spielregeln nicht. Und damit sind die Männer immer im Vorteil, allein durch ihre zahlenmäßige Überlegenheit.

Wie sollen denn gut durchdachte Argumente überhaupt greifen, wenn sie anscheinend kein Mensch hören will?

Da Frauen diese rituellen Herausforderungen nicht kennen, verfolgen sie die Diskussion und beginnen dann schnell an ihrem eigenen (profunden) Wissen zu zweifeln. Sie fühlen sich verunsichert. Das Grübeln darüber, was jetzt hier gerade abläuft, lenkt sie vom Sachverhalt ab und sie finden überhaupt keine Möglichkeit mehr, sich an der Diskussion zu beteiligen.

Es kann sogar so weit gehen, dass sie sich schon mehrfach einigen verbalen Attacken ausgesetzt fühlten. Durch das persönliche Angegriffenfühlen werden sie immer empfindlicher und hören sozusagen die Flöhe husten. Das heißt, sie meinen Kritik herauszuhören, wo gar nicht kritisiert wurde, und sind dadurch kaum mehr in der Lage, ihre eigene Idee zu Ende zu denken. Somit sind sie raus aus dem Spiel, bevor sie richtig mitspielen konnten. Spiel! Satz! Sieg! Für die Männer! Diese Machtrunde ging an sie. Warum? Weil die Männer etwas ge*macht* haben. Sie haben Argumente ge*macht*, sie haben Meinung ge*macht*, sie haben Rituale ge*macht*. Und Sie als Frau haben da nicht mitge*macht*! Selbst schuld, sagen die Männer, sie hätte ja nur was sagen müssen.

Frauen müssen auch damit fertig werden, dass Männer Frauen häufiger unterbrechen als umgekehrt. Der Ärger darüber staut sich auf und der Wunsch nach einem gnadenlos guten Konter wird immer intensiver.

Manche Frauen fühlen sich nach relativ kurzer Zeit bei Diskussionen in Männerrunden klein, schwach, ängstlich und unsicher. Sie geraten in Di-Stress (negativer Stress) und provozieren dadurch noch mehr Angriffe.

Männer sehen sich in der Rolle als Diskutanten machtvoller als Frauen und fühlen sich angespornt, die eigene (bis dahin noch nicht sehr schlüssige Argumentation) immer stichhaltiger zu machen. Sie betrachten diese Art der Diskussion als anregende Herausforderung und wachsen mit der Anforderung an überzeugendes Argumentieren aus der schwachen Position heraus. Ihr Verstand arbeitet kristallklar und dadurch entwickeln sie glänzende Ideen, die ihnen ohne den Anreiz zu »kämpfen« nie eingefallen wären. Sie geraten in Eu-Stress (positiver Stress).

Bei diesem Ritual stellen Männer keine Fragen – sondern beantworten sie. Sie entschuldigen sich nicht – sie erteilen Absolution.

So, nun kennen Sie den Grund, weshalb Frauen sich manchmal an Männern rächen möchten, indem sie ihnen eine verbale Flanke verpassen.

Ich habe festgestellt, dass mit dem wachsenden Verständnis für solche männlichen Rituale die eigene Wut und die Rachegelüste verschwinden.

Sobald beides nicht mehr da ist, haben Sie den Kopf frei und können »mitspielen«. Sie brauchen keine »Nebenkriegsschauplätze« mehr, um sich zu rächen. Dadurch werden Sie gelassener und laufen nicht Gefahr, als »Zicke« zu gelten.

Zündstoff für Konflikte:

- Mangelnder Respekt vor anderen Verhaltens- und Denkweisen. Das führt zu unnötigen Kämpfen auf »Nebenkriegsschauplätzen« und lenkt von der eigentlichen Problemlösungsbereitschaft ab.
- Fehlende Bereitschaft, auch einmal *über* Kommunikation zu sprechen. Kommunikation sollte nicht ausschließlich dazu benutzt werden, um voranzukommen.

- Wenn beiden Geschlechtern die Bereitschaft fehlt, selbstkritisch das eigene Verhalten zu durchleuchten, um zu schauen, ob nicht auf der Gegenseite ein paar Anregungen dafür zu finden sind, das eigene Verhalten zu ändern.
- Dominanzanspruch
- Das Herunterspielen eigener Fähigkeiten und Kompetenzen bei den Frauen.

Zwischenfazit als Lösungsansatz

Der ausschließlich autoritäre Führungsstil ist »out«, das heißt, er ist in bestimmten Situationen sinnvoll, aber eignet sich nicht als grundsätzliches Führungsverständnis.
Für einen zeitgemäßen Führungsstil sollten Sie beachten:

1. Die Kooperation wird immer wichtiger (Hierarchien verschwinden, Informationswege werden kürzer, Verständigung ist wichtig).
2. Der zeitgemäße Führungsstil verlangt reife Menschen, die auf egoistische Machtansprüche um der Sache willen verzichten.
3. Wenn Motivation nur durch äußere Anreize geweckt werden soll, kann das demotivierend wirken.
4. Frauen aktivieren blitzschnell beide Gehirnhälften und denken daher komplexer als Männer.

Ich stelle die folgende Hypothese auf: Wenn Frauen die genannten Punkte berücksichtigen und unter anderem die typischen Unterstützer der »Macher« sind, weil sie zugunsten des großen Ganzen auf eigene Machtansprüche verzichten, dann sind die »Macher« von morgen *die Frauen*.
Wenn wir davon ausgehen, dass die neuen Führungsqualitäten unter anderem darin bestehen, dass reine Selbstbezogenheit »out« ist, dass egoistische Machtansprüche der Vergangenheit angehören und dass Verständnis und

Wertschätzung »in« sind, dann haben Frauen bereits die Führungsqualitäten, welche heute so dringend im Management gesucht werden!
Allerdings müssten sie lernen, über den Schatten ihres anerzogenen Rollenverhaltens zu springen. Das bedeutet, dass sie die vermeintlichen weiblichen Schwächen als Stärken verstehen, bzw. sie in Stärken umwandeln. Dazu gehören das oft zu ausgeprägte Harmoniebedürfnis genauso wie das märtyrerhafte Aufopfern für Chef, Familie, Kollegen oder die Arbeit.

Führen durch richtiges Kritisieren

Kritisieren heißt ein Feedback geben, indem Sie wertneutral beschreiben, wie das Verhalten Ihres Gegenübers auf Sie gewirkt hat.

Kritik sollte auf keinen Fall vorwurfsvoll formuliert werden, wie etwa: »Sie haben schon wieder...«; »Immer machen Sie...«; »Wie oft habe ich dir schon gesagt...« Kritisieren in Form eines Vorwurfs ruft nur Widerspruch oder Verteidigung hervor und trägt nicht dazu bei, die Situation zu verbessern.

Stellen Sie sich vor, in Ihrem Unternehmen wird durch ein beleuchtetes Display an der Außenfassade Werbung gemacht. Die Beleuchtung sollte durch eine Schaltuhr so geregelt sein, dass sie in der Morgendämmerung erlischt. Sie kommen gegen neun Uhr in die Firma und sehen, dass es immer noch brennt. Da Sie wissen, dass Frau Weller für die Kontrolle der Schaltuhr verantwortlich ist, nehmen Sie sich vor, mal ein paar Takte mit ihr zu reden. Doch das Tagesgeschäft zwingt Sie, sich auf Wesentlicheres zu konzentrieren. Im Grunde ist es ja auch eine Bagatelle und vielleicht erledigt es sich von selbst. Schließlich ist Frau Weller ja nicht von gestern!

Am nächsten Morgen – alles unverändert. Das Display leuchtet schwach im Tageslicht! Jetzt finden Sie es an der Zeit, der Energieverschwendung ein Ende zu setzen. Sie wollen mit Frau Weller sprechen. Sie hat aber einen Kundentermin. Am Nachmittag sind Sie außer Haus.

Am nächsten Morgen hat sich die Situation auch nicht verbessert und Sie sind mittlerweile ziemlich ärgerlich. Da steht Frau Weller plötzlich vor Ihnen – allerdings aus einem ganz anderen Grund – und Sie nutzen die Gunst der Stunde: »Frau Weller, was haben Sie sich eigentlich dabei gedacht, glauben Sie vielleicht, wir haben einen Dukatenscheißer?«

Sie guckt völlig verständnislos, also sind Sie aufgerufen, Klarheit in die Sache zu bringen. »Das Display brennt Tag und Nacht. Haben Sie schon mal darüber nachgedacht, wie hoch unsere Stromrechnung ist? Aber Sie denken wahrscheinlich, der Laden gehört ja nicht Ihnen!«

So, jetzt haben Sie Ihrem Herzen mal richtig Luft gemacht, schließlich schleppen Sie Ihren Zorn ja schon einige Tage mit sich herum. Frau Weller ist inzwischen weggegangen und als Ihre Wut verraucht ist, wird Ihnen klar, dass Sie mit Ihrem Verhalten unzufrieden sind. Frau Weller ist es erst recht, denn sie kam weder dazu, sich überhaupt zu äußern, noch irgendeine Erklärung abzugeben.

Als Sie später entdecken, dass bei einem Kundentelefonat vergessen wurde, den Namen und die Adresse zu notieren, platzt Ihnen endgültig der Kragen und Sie werfen Ihrem Kollegen etwas an den Kopf, was Ihnen normalerweise nicht über die Lippen kommt: »Wie sollen wir den Kunden denn jetzt bedienen? Wozu haben wir eigentlich Telefonlisten für Gespräche, und überhaupt, wie kann man sich nur so blöd anstellen!«

Leider ist der Ärger mit Ihnen durchgegangen. Überlegen Sie sich jetzt, was Sie ändern müssen. Zunächst lassen Sie vor Ihrem geistigen Auge die Situation Revue passieren und tun so, als ob Sie Ihr Verhalten als bewusste Strategie eingesetzt hätten.

Sie sehen sich noch einmal am Schreibtisch des Kollegen stehen und formulieren Ihr vergangenes Verhalten so, als ob Sie es in Zukunft so anwenden wollten: »Also, ich werde Manfred mal so richtig in die Pfanne hauen, das wird das Problem sofort lösen! Wenn ich ihn beschimpfe, werden wir die Adresse des Kunden sofort herausbekommen und können den Auftrag erledigen. Außerdem wird er durch meine harsche Kritik bestens motiviert und wird richtig Freude an seiner Arbeit haben. Er wird den nächsten Kunden, der anruft, freundlich begrüßen und man wird ihm anmerken, wie glücklich er ist, den Kundenwunsch sofort zu bearbeiten.«

Diese »Strategie« soll Sie auf den Boden der Tatsachen zurückholen, denn sie macht Ihnen die Absurdität klar. Und das wird Sie beim nächsten Mal daran erinnern, dass Sie sich anders verhalten sollten.

Wie sollten Sie denn Lappalien am besten kritisieren? Kehren wir zurück zu dem Beispiel mit dem Display. Der erste Fehler bestand darin, mit der Kritik zu lange zu warten. Hier staut sich Ärger auf, der schon lange hätte aus der Welt geschafft sein können.

So hätte der Vorfall verlaufen können, wenn Sie Ihre Kritik richtig angebracht hätten: »Frau Weller, ich bin ziemlich verärgert.« Sie wird Sie fragend ansehen.

Sie fahren fort: »Das Display brennt den ganzen Tag und wir jagen dadurch unsere Stromkosten unnötig in die Höhe.«

Mehr brauchen Sie nicht zu sagen, denn Frau Weller ist unmissverständlich klar, dass sie den Fehler zu verantworten hat. Und durch die neutrale Aussage »Ich bin verärgert« haben Sie offen über Ihre Gefühle gesprochen. Niemand muss rätseln, was heute schon wieder mit Ihnen los ist, denn ihr Gesicht spricht Bände.

Sie haben Frau Weller mit der Gefühlseröffnung nicht angegriffen und sie wird offen bleiben und weiter zuhören. Dann können Sie den Grund für Ihre Verärgerung nennen und begründen, warum Sie sich geärgert haben.

Diese Art der Kritik nennt sich »Die drei Merkmale der Ich-Aussage« und besteht aus folgenden Thesen:

1. Sprechen Sie Ihre tatsächlichen Gefühle an.
2. Sagen Sie, was Sie stört.
3. Begründen Sie, warum es Sie stört.

Die Begründung ist wichtig, denn dann kann der Kritisierte einsehen, warum die Situation ärgerlich ist, und seine Motivation wird erhöht, in Zukunft selbst darauf zu achten, dass der Fehler nicht wieder passiert.

Ein zweiter wichtiger Bestandteil dieser Kritik: Sagen Sie nicht: »Ich habe mich über *Sie* geärgert.« Das »Sie« greift an. Die Kunst der Ich-Aussage liegt darin, lediglich zu beschreiben, wie es in Ihnen aussieht und was dazu geführt hat, dass Sie sich geärgert haben.

Ihr Tonfall kann ruhig ärgerlich sein, das unterstreicht Ihre Worte – denn schließlich fühlen Sie sich so.

Es geht bei dieser eleganten Form der Kritik darum, dass Sie nicht andere angreifen, sondern bei sich bleiben. So geben Sie in unserem Beispiel Frau Weller die Gelegenheit, selbst zu entdecken, dass sie Mist gebaut hat. Das genügt. Es ist nicht notwendig, einem Menschen sein Fehlverhalten immer wieder unter die Nase zu reiben, wenn er es schon längst eingesehen hat.

Zusammenfassende Kritikregeln:

1) **Kritik soll beschreibend sein und nicht bewertend, nicht psychologisierend und nicht unterstellend bzw. interpretierend.**
   Bewertend bedeutet, dass in Ihrem Tonfall mitschwingt: »Sie sind ein Versager«, »Sie sind unfähig«, »Wenn man Ihnen mal etwas überlässt, dann geht es in die Hose« oder Ähnliches.
   Psychologisierend ist zum Beispiel die folgende Frage: »Sind Sie deshalb immer so unkonzentriert, weil Sie als Kind oft geschlagen wurden?«
   Unterstellend/interpretierend ist ein Satz wie der folgende: »Wahrscheinlich lassen Sie deshalb so oft das Licht brennen, weil Sie sich wieder einmal die Nacht um die Ohren geschlagen haben. Sie sollten mal versuchen, früher ins Bett zu gehen.«
   Beschreibend ist dieser Satz: »Das Licht brannte den ganzen Tag, das verbraucht eine Menge Strom.«
2) **Kritik soll konkret sein und nicht verschwommen, nicht auf Allgemeinplätzen beruhend.**
   Verschwommen ist die Aussage: »Sorgen Sie dafür, dass sich da etwas ändert.«
   Allgemeinplätze sind Feststellungen wie: »Es hat sich in der Abteilung allgemein ein Schlendrian eingeschlichen.«
   Konkret bedeutet, den genauen Grund der Kritik zu nennen.
3) **Kritik soll** angemessen sein **und nicht** zerfleischend.
   Zerfleischend bedeutet: Wenn Sie Ihren Zorn so lange zurückhalten bis Ihnen der Kragen platzt, dann kann Kritik nicht mehr sachlich sein, weil Sie aggressiv reagieren.
   Angemessen bedeutet: Sie sollten das Fehlverhalten kritisieren und nicht die Person in den Mittelpunkt der Kritik rücken. Sachkritik und nicht Personenkritik ist gefragt.

4) **Kritik soll weiterhelfen und nicht zur Befriedigung eigener Bedürfnisse dienen.**
Bedürfnisse befriedigen bedeutet: Wenn der Kritisierte nach der Kritik noch genauso schlau ist wie vorher, aber gründlich niedergemacht wurde. Ein Beispiel: Sie haben sich über etwas maßlos geärgert und Ihnen läuft ein Mitarbeiter über den Weg, welcher vor Wochen mal vergessen hatte, das Papier im Kopierer aufzufüllen. Er läuft ins offene Messer, weil er Ihren Frust abbekommt: »Sie sollten sich angewöhnen, auch beim Kopieren mitzudenken.« Der Mitarbeiter hat keine Ahnung, was Sie meinen, Ihre Kritik hilft ihm nicht weiter, er wird nur demotiviert. Sie haben ihn lediglich »benutzt«, um Ihren Frust loszuwerden.
Weiterhelfen bedeutet: Die Kritik wird nicht als »Bremse« aufgefasst, sondern als Anregung, um weitere Fehlerquellen zu verhindern. Wenn das Ihre Einstellung zur Kritik ist, kann sie nicht fehlgehen.
5) **Kritik soll klar und genau formuliert sein und nicht um den »heißen Brei« herumreden.**
Um den heißen Brei reden bedeutet, nicht auf den Punkt zu kommen: »Es lag sicherlich nicht in Ihrer Absicht, Strom zu vergeuden, denn Sie wissen wahrscheinlich gar nicht, was die Beleuchtung kostet. Es ist ja auch nicht leicht, sich durch die Stromrechnung zu wühlen. Das sollte Sie aber nicht daran hindern, dennoch darauf zu achten, dass uns die Kosten nicht aus dem Ruder laufen«, und so weiter.
Klar und genau formuliert ist folgende Aussage: »Ich finde es ärgerlich, dass das Licht den ganzen Tag brennt und die Stromkosten immens in die Höhe treibt.«
Diese Art von Kritik ist optimal, denn die Wirkung auf den Kritisierten ist sachlich, fair und nicht verletzend. Dadurch regen Sie dessen Eigenmotivation an, das Problem

ein für alle Mal aus der Welt zu schaffen. Gleichzeitig fühlt sich der Kritisierte ernst genommen, Sie steigen in seiner Achtung und daher auch in seiner Akzeptanz.
Sie erreichen nichts Positives, wenn Sie Ihre Mitarbeiter durch verletzende Kritik in die Defensive drängen.
Und noch etwas: Sie sollten Kritik nie vor Publikum äußern, sondern immer unter vier Augen. Denn den Gesichtsverslust Ihres Mitarbeiters können Sie nicht wieder gutmachen.

Schlagen Sie eine Brücke zu dem Menschen, der kritisiert wird. Sie zeigen dadurch, dass es Ihnen um die Sache geht und noch keine Vor-Verurteilung stattgefunden hat.

Angenommen, Sie wollen Kritik daran üben, dass Ihre Abteilung hin und wieder die Mittagspause über Gebühr überzieht, was schon zu Missfallen in anderen Abteilungen geführt hat.

Statt sich den Gruppenleiter zu schnappen und ihm zu sagen: »Sorgen Sie gefälligst dafür, dass Ihre Abteilung wieder pünktlich aus der Mittagspause kommt«, sollten Sie schauen, was wirklich passiert ist. Sobald Sie die Hintergründe kennen, reagieren Sie mit mehr Verständnis.

Falls Sie sich jedoch sagen: »Ich kann doch nicht bei jeder Kleinigkeit schauen, was los ist – ich bin doch kein Kindermädchen«, dann hilft Ihnen hier die **Frage nach dem Grund** (siehe auch Joern J. Bambeck: »Soft Power«).

Sie treffen den Gruppenleiter und stellen die Tatsache fest: »Herr Körner, ich finde es nicht gut *(Ich-Aussage)*, dass Ihre Gruppe manchmal die Mittagspause auffallend lang überzieht, es macht bereits Schule in anderen Abteilungen. Gibt es einen Grund dafür?«

Jetzt kann der Gruppenleiter erklären, dass es zum Beispiel als Ausgleich für besonders engagierten Arbeitseinsatz gedacht war. Das Klima ist konstruktiv und Sie können gemeinsam eine tragfähige Lösung suchen, damit der Arbeitseinsatz der Kollegen auf andere Weise belohnt wird.

Die zweite Kritikbrücke kann **Anerkennung** sein. Es fällt den meisten Chefs schwer, Lob auszusprechen. Und in Zusammenhang mit einer Kritik ist es noch schwieriger.

Machen Sie es wie folgt: »Herr Körner, mir ist aufgefallen, dass Ihre Gruppe die Mittagspause manchmal sehr lange überzieht. Es macht bereits Schule in anderen Abteilungen und wirft kein gutes Licht auf uns. Andererseits ist mir auch aufgefallen, dass Ihre Gruppe immer wieder besonderen Einsatz zeigt und dabei auch nicht auf die Uhr schaut. Wie sehen Sie das?« Hier haben Sie dokumentiert, dass Sie sich wirklich informiert haben. Sie zeigen, dass Sie die Gruppe ernst nehmen, und das wird die Bereitschaft erhöhen, die Kritik anzunehmen.

Selbstkritik ist auch ein Punkt, der nicht unter den Tisch fallen sollte. Vielleicht sind Sie ja wirklich pingelig, was das Einhalten der Pausenzeiten anbelangt. Dann lassen Sie das auch ruhig in das Gespräch einfließen.

Sie beginnen wieder wie gehabt und sagen am Ende des Dialogs: »Sie wissen doch, wie viel Wert ich auf Pünktlichkeit lege...« und lassen dann Herrn Körner zu Wort kommen.

Diese drei Brücken helfen dabei, der Kritik die Spitze zu nehmen. So wird sie zu einem konstruktiven, lösungsorientierten Gespräch und nicht zu einem demotivierenden Vorwurf.

Sollte das Kind bereits in den Brunnen gefallen und ein intensiveres Gespräch notwendig sein, dann bietet sich das **Tadelgespräch** an. Es sollte nach folgenden Regeln ablaufen:

1. Beginnen Sie positiv (aber kurz).
2. Nennen Sie den Anlass, aber wertneutral.
3. Stellen Sie eine geschlossene Frage zum Werturteil.
4. Erkennen Sie die Einsicht an.
5. Fragen Sie nach Ideen zur Lösung.
6. Geben Sie motivierende Anweisungen.

Beispiel: Ihre Auszubildende Sabine legt immer einen muffeligen Tonfall an den Tag, und Sie hatten sich schon lange vorgenommen, bei Gelegenheit mal mit ihr zu reden.

Nun ruft eine Kundin, Frau Schnappauf, an und beschwert sich über Sabines unfreundliches Verhalten am Telefon. Sie bitten Sabine zu diesem Vier-Augen-Gespräch.

1. **Ein positiver Beginn** wäre: Sie sagen ein paar nette Worte zum Einstieg in das Gespräch, damit Sabine merkt, dass sie keine Angst zu haben braucht. Die netten Worte bitte knapp halten.
2. **Den Anlass wertneutral nennen** würden Sie mit folgenden Worten: »Sabine, Frau Schnappauf hat sich heute Morgen über deinen Tonfall am Telefon beklagt. Sie ist eine langjährige Kundin von uns und es wäre schade, wenn wir sie verärgern.« (Nicht wertneutral wäre: »Jetzt hat sich auch noch Frau Schnappauf über deinen unmöglichen Tonfall beklagt« – hier klingt eine Abwertung mit, die sofort zur inneren Verteidigung aufruft und kontraproduktiv wirkt.)
3. **Eine geschlossene Frage zum Werturteil** wäre: »Sabine, möchtest du das Bild von dir so stehen lassen?«
4. **Anerkennung der Einsicht** liegt in folgendem Satz: »Sabine, ich bin erleichtert, dass du nicht so wirken möchtest.« Denn Sabine wird höchstwahrscheinlich mit »Nein« antworten (vorausgesetzt, sie ist der Firma gegenüber loyal eingestellt. Falls nicht, dann liegt das Problem woanders).

5. **Frage nach Ideen zur Lösung** bedeutet: Sabine soll selbst Vorschläge machen, wie sie diesen »unfreundlichen« Eindruck in Zukunft vermeiden möchte.
6. **Motivierende Anweisung** bedeutet: Falls sie keine Ideen hat, dann entwickeln Sie gemeinsam einen »Schlachtplan«.

Bei dieser Art der Kritik geht es um die Einsicht des Kritisierten, dass durch sein Verhalten eine untragbare Situation entstanden ist. Es geht nicht um *Schuld* oder *Nicht-Schuld*.

Zündstoff für Konflikte: Ungerechtfertigte Kritik wird als Missachtung empfunden und auf der Beziehungsebene erlebt. Das Sachliche kann nicht mehr vernommen werden, weil die Inhaltsebene blockiert ist.

Der Mitarbeiter, der sich einer zu harten oder ungerechter Kritik ausgeliefert fühlt, ist entweder wie gelähmt und schweigt oder er blafft zurück, weil er sein Selbstwertgefühl verteidigen muss. Seine Reaktion auf die Kritik kann sich als Demotivation, Krankheit, Antriebslosigkeit, Unlust oder im Dienst nach Vorschrift äußern

Lösungsidee:

Beide Reaktionen des Mitarbeiters auf die Kritik führen nicht zu einer Lösung des Problems, die ja nur tragfähig ist, wenn der Kritisierte zur Einsicht gebracht werden kann.

Die Einsicht erfolgt nur, wenn das Kritikgespräch quasi auf gleicher, fairer Ebene stattfindet. Dann muss sich der Betroffene nämlich nicht verteidigen, er kann bei der Sache bleiben und eventuell an einer Problemlösungsidee mitarbeiten.

Führen durch Motivieren

Gestatten Sie mir eine ketzerische Frage: Ist es überhaupt möglich, Menschen von außen zu motivieren? Wenn ja, würde das doch bedeuten, dass Menschen gar keine Eigenmotivation hätten und erst durch geschicktes Einwirken auf ihre innere Einstellung erreicht werden könnte, dass sie sich im Sinne der Firma engagieren.

Lassen Sie mich zur Veranschaulichung die Geschichte von dem alten Mann erzählen (nach Reinhard Sprenger: »Mythos Motivation«): Ein alter Mann lebte am Rande einer Stadt in seinem Häuschen und wollte dort gerne in Ruhe seinen Lebensabend genießen. Leider wurde es ihm dadurch vereitelt, dass täglich Kinder auftauchten und ihn ärgerten. Er hatte schon alles versucht, um sie davon abzuhalten. Er hatte mit ihnen geschimpft, er hatte sich bei ihren Eltern beschwert – alles ohne Wirkung. Die Kinder kamen jeden Tag und ärgerten ihn.

Da kam ihm eine zündende Idee: Er rief die Kinder – nachdem sie ihn wieder geärgert hatten – zu sich und bot ihnen an: »Wenn ihr morgen wieder kommt, um mich zu ärgern, liebe Kinder, dann bekommt jeder von euch 1 Euro.«

Das fanden die Kinder prima und kamen am nächsten Tag mit großer Begeisterung, um den alten Mann zu ärgern. So toll hatten sie ihn noch nie geärgert! Und sie erhielten das Geld.

Für den nächsten Tag versprach er: »Kinder, wenn ihr morgen noch mal kommt, um mich zu ärgern, dann bekommt jeder von euch 50 Cent.«

»Na ja«, dachten die Kinder, »besser als gar nichts«, und kamen am nächsten Tag und ärgerten ihn noch ein wenig. Sie bekamen ihr Geld und der alte Mann versprach wieder: »Wenn ihr morgen kommt, erhält jeder von euch 10 Cent.«

Das war den Kindern dann doch zu wenig und sie blieben weg.

Diese Geschichte ist ein typisches Beispiel dafür, wie »intrinsische« (innere) Motivation zerstört wird.

Zunächst kamen die Kinder, weil sie schlicht Freude am Ärgern hatten. Als dann die »extrinsische« Motivation (Verlockung von außen) ins Spiel kam, fiel die Eigenmotivation der Außenmotivation zum Opfer.

Das Phänomen, dass die Eigenmotivation der Außenmotivation zum Opfer fällt, passiert zum Beispiel bei den (mittlerweile umstrittenen) so genannten Incentive-Angeboten.

Das bedeutet, dass ein Unternehmen seinen Mitarbeitern etwas verspricht, damit sie zum Beispiel eine zwanzigprozentige Umsatzsteigerung erzielen.

Es wird dem Außendienstler am Jahresanfang etwa eine tolle Reise in Aussicht gestellt oder eine Geldprämie oder Ähnliches, wenn er am Jahresende tatsächlich einen höheren Umsatz erzielt hat. Der Mitarbeiter wird »geködert«. Durch die versprochene Fernreise wird ihm quasi signalisiert: »Wenn wir dir keine Belohnung versprechen, dann wirst du dich nicht anstrengen.«

Das Unternehmen ist zufrieden und der Mitarbeiter hat von Stund an den schwarzen Peter in der Tasche. Denn egal, wie viel er schafft, es wird immer im Zusammenhang mit dem Versprechen gesehen.

Hat er die Umsatzsteigerung erreicht, liegt es an der tollen Reise, dann wird es im nächsten Jahr auch wieder klappen. Hat er sie nicht erreicht, dann ist er nicht zu motivieren, dann muss es an ihm liegen.

Und was passiert, wenn er dann eines Tages schon in Jamaika, Brasilien, Acapulco war und ihn Hummer langweilt?

Oder wenn der Umsatz nicht so hoch war, dass sich eine teure Reise nach Rio rechnet? Dann wird das Angebot, (nur) nach Mallorca fliegen zu dürfen, vermutlich demotivierend wirken.

Oder was geschieht, wenn der Umsatz nur um zehn Prozent gestiegen ist? Ist dann das Abendessen beim Italiener um die Ecke das Incentive-Angebot?

Irgendjemand wird sich immer ungerecht behandelt fühlen. Bei dem einen gibt das Gebiet nicht so viel her, als dass der Umsatz endlos in die Höhe geschraubt werden könnte, und bei dem anderen ist es die Rezession, die einen Riegel vor die Umsatzsteigerung schiebt.

Falls Sie Ihre Mitarbeiter nicht durch Köder motivieren wollen, können Sie Incentive-Angebote getrost vergessen.

Kennen Sie das »Kita-Modell«? Nehmen wir einmal an, in Ihrem Unternehmen würden nur Esel beschäftigt werden – es laufen also nur Vierbeiner durchs Gebäude.

Und was tut ein Esel, wenn er eine Weile gelaufen ist? Er bleibt stehen. Weil Esel das nun mal tun.

»Oh«, denken Sie, »das gefährdet das Ziel, wenn er so oft stehen bleibt«, und eilen flugs zu ihm und geben ihm einen kräftigen Tritt in seinen Allerwertesten.

Nun macht der Esel einen gewaltigen Satz nach vorn und läuft noch ein bisschen weiter, beflügelt durch den unerwarteten Schwung. Dann bleibt er wiederstehen.

Sie denken: »Das hat eben so gut geklappt, das mache ich noch einmal«, und treten ihn wieder. Der Esel macht einen gewaltigen Satz, und so fort.

Irgendwann gelangt der Esel dann entspannt ans Ziel. Das ist »Kita« und bedeutet »Kick in the ass« (Tritt in den Hintern).

Der Esel ist ausgeruht und Sie sind erschöpft, weil Sie Ihre ganze Kraft aufwenden mussten.

Also nehmen Sie sich vor: »Ich stelle jemanden ab, der die Esel in Bewegung hält, das muss ich in meiner neuen Position nicht mehr selbst machen.«

Sie stellen aber sehr schnell fest, dass das auf Dauer auch keine Lösung ist, da zu viel *Manpower* verbraucht wird.

Da haben Sie die zündende Idee: Sie hängen dem Esel eine Möhre vor die Nase und hoffen, dass er losläuft in dem Glauben, die Möhre zu ergattern.

Aber wenn der Esel nun eine Kleediät macht? Oder derzeit keine Möhren frisst? Dann wird er wie gehabt stehen bleiben.

Auf Zweibeiner übertragen heißt das: Wenn die Mitarbeiter im Unternehmen nicht mehr richtig mitziehen, dann ist es wichtig zu wissen, was los ist.

Chefs fragen oft gar nicht die Betroffenen, sondern glauben zu wissen, was Mitarbeiter motiviert. Sie laden vielleicht mal überraschend zum Abendessen ein.

Das ist zwar eine nette Geste, aber wenn die Mitarbeiter Familie haben und sowieso schon oft Überstunden machen, kommt eine solche Einladung nicht gut an. Daher sollten Sie bei motivierender Unterstützung genau überlegen.

Da ich häufig in der Hotellerie Schulungen durchführe, kam mir folgende Geschichte zu Ohren: Ein Hoteldirektor wurde gefragt: »Was glauben Sie, was Seminarteilnehmern in den Seminarpausen am wichtigsten ist?«

Er antwortete selbstbewusst: »Dass der Kaffee gut schmeckt, dass die Kaffeetassen sauber sind und dass alles nett fürs Auge arrangiert ist.«

Dann wurde den Teilnehmern die gleiche Frage gestellt und die Antwort lautete: »Das Kaffeeausschenken muss schnell gehen, die Toiletten sollten nicht so weit weg sein und vor allem müssen dort Handys funktionieren.« Weder das Geschirr noch die Sauberkeit der Tassen interessierte irgendjemanden aus der Gruppe.

Dass der Direktor des Hotels mit seiner Einschätzung so daneben lag, zeigt, dass er nur die Interessen der eigenen Firma sah. Und das ist in vielen Unternehmen so. Die Mitarbeiter sollen sich an vorhandene Gegebenheiten anpassen und nicht umgekehrt. Denn sonst würden die »Motivationsgurus« arbeitslos und die Firmenleitung müsste womöglich Veränderungen zu Gunsten der Mitarbeiter zulassen und finanzieren.

Fazit: Um die Motivation anzuregen, müssen Sie erst einmal wissen, was Ihre Kollegen wollen.

Machen Sie eine Umfrage, am besten anonym. Erfahrungen haben gezeigt, dass bei einer namentlichen Abfrage nicht immer die Wahrheit gesagt wird, da Repressalien befürchtet werden.

Teilen Sie einen Fragebogen aus, auf welchem Folgendes gefragt wird (nach Gisela Hagemann: Motivation):

- Was kann Sie motivieren?
- Was kann Sie demotivieren?
- Was kann Ihr Vorgesetzter dazu beitragen, Sie zu motivieren?
- Was können Sie selbst dazu beitragen, Ihre Arbeit interessant zu finden?
- Gibt es Bedingungen, unter denen Ihnen die Arbeit Spaß macht?
- Bei Umstrukturierungen sind Mitarbeiter oft demotiviert. Was sind Ihrer Meinung nach die Gründe dafür, dass die Mitarbeiter eine negative Einstellung gegenüber Neuerungen haben?
- Was kann die Unternehmensleitung tun, um die Mitarbeiter dazu zu motivieren, Veränderungen als Chance anstatt als Bedrohung zu begreifen?
- Was können Sie selbst dazu beitragen?

- Glauben Sie, dass eine Extra-Bezahlung nach erzieltem Resultat zu größeren Leistungen anspornt? Wie beurteilen Sie in diesem Zusammenhang die interne Konkurrenz zwischen den Kollegen?

Setzen Sie einen Abgabetermin fest. Das Schlimmste, was passieren kann, ist, dass die Umfrage in der Schublade verschwindet! Kein Mensch würde je die Ergebnisse erfahren. Die Mitarbeiter würden sich auf den Arm genommen fühlen und wären hochgradig demotiviert. Sie würden also genau das Gegenteil von dem erreichen, was Sie wollten.

Deshalb bitte unbedingt die Ergebnisse der Umfrage bekannt geben und selbstverständlich auch Maßnahmen ergreifen, um die Anregungen der Mitarbeiter umzusetzen.

Sehr oft höre ich Beschwerden über nicht motivierte Mitarbeiter.

Seltsamerweise scheint es Vorgesetzte nicht zu wundern, dass viele der angeblich so faulen Mitarbeiter etwa in Vereinen sehr stark engagiert und dort zu Höchstleistungen fähig sind. Oder sie sind leidenschaftliche Hobbyangler und springen hoch motiviert in aller Herrgottsfrühe aus den Federn.

Weshalb ist es nicht möglich, diese Motivation für die Firma zu wecken und den Mitarbeitern ein Umfeld zu schaffen, in welchem es Spaß macht zu arbeiten und etwas zu bewirken?

Wenn Sie meinen, Ihre Exkollegen seien plötzlich demotiviert, dann unterstellen Sie ihnen nicht, sie wären alle nicht bereit, Leistung zu erbringen.

Gerade wir Frauen gehen Pauschalurteilen doch gern auf den Grund. Und jetzt, da Sie in der Hierarchie aufgestiegen sind, haben Sie die Möglichkeit, aus Ihrer neuen Position heraus tatsächlich etwas zu verändern.

Sie spüren also Lustlosigkeit in Ihrer Abteilung und alles erwartet von Ihnen, dass Sie endlich mit dem Motivieren anfangen. Die Geschäftsleitung wartet, die Kollegen warten, die Mitarbeiter warten, die Spannung wächst. Was werden Sie tun? Dieser Erwartungsdruck verführt leicht zu »Zuckerbrot und Peitsche«-Reaktionen.

Der erste Irrtum, mit welchem Sie aufräumen, ist, dass Motivieren eine *Handlung* ist wie Blumengießen oder Bleistiftspitzen.

Sie fragen sich, was die Ursache der Leistungsschwäche ist:

1. Ist es wirklich eine Störung der Leistungs*bereitschaft*? Oder
2. ist es eine Störung der Leistungs*möglichkeit*? Oder
3. ist eine Störung in der Leistungs*fähigkeit*?

Sie prüfen, ob die Leistungsschwäche tatsächlich in mangelnder Bereitschaft begründet ist.

Hierzu ein Beispiel: Bärbel Müller erledigt missmutig ihre Arbeit, lässt Punkt fünf den Bleistift fallen und verhält sich nach dem Motto »Nach mir die Sintflut«.

Sie können ihr Verhalten nicht nachvollziehen, denn als Sie beide noch Kolleginnen waren, war sie ganz anders: kreativ, fleißig und engagiert.

Sie sprechen mit ihr und erfahren folgende haarsträubende Geschichte. Bärbel Müller hat schon vor einiger Zeit (noch zu Zeiten des vorigen Chefs) erfolgreich eine PC-Fortbildung speziell für die Buchhaltung absolviert. Sie könnte auf Grund dieses Spezialwissens die Vorgänge schneller, zuverlässiger und kundenfreundlicher ausführen. Dazu müsste allerdings die Software geringfügig verändert werden.

Die Technik-Abteilung sieht nicht ein, dass eine Einzelaufgabe ausgeführt werden soll; außerdem sei sie überlastet.

Das versteht Frau Müller nicht. Schließlich hat das Unternehmen ihren Kurs genehmigt und bezahlt. Und nun macht sie genauso umständlich weiter wie vorher. Sie als ihre neue Chefin hatten ihr wohl mal – so zwischen Tür und Angel – versprochen, der Technik »Dampf« zu machen, aber durch das hektische Tagesgeschäft haben Sie Ihr Versprechen offensichtlich wieder aus den Augen verloren.

Sie denken: »Wenn sie sich ein bisschen mehr Mühe geben würde, dann könnte sie auch mit dem alten System gute Erfolge erzielen.«

Schon sind Sie dem Pauschalurteil »mangelnde Leistungs*bereitschaft*« aufgesessen. Wenn Sie nun mangelnde Leistungs*möglichkeit* erwägen, dann erkennen Sie sofort den Grund für die vermeintlich plötzliche Demotivation.

» Intrinsisch« gesehen hat Frau Müller viel geleistet: Sie hat sich fortgebildet, sie hat sich neues Wissen angeeignet, sie ist bereit für Veränderungen und geht das Risiko ein, Fehler zu machen. Im Grunde eine Wonne für jeden Betrieb.

Und nun lässt man sie nicht. Gleichzeitig spürt sie die Unterstellung, sie sei faul. Dabei fehlt ihr die *Möglichkeit*, ihr Wissen anzuwenden! Ihr fehlt die *Möglichkeit*, dem Unternehmen Geld zu sparen. Ihr fehlt die *Möglichkeit*, die Kundenzufriedenheit zu erhöhen!

Es ist Ihre Aufgabe, als neue Führungskraft, dafür zu sorgen, dass jeder Mitarbeiter alle notwendigen Voraussetzungen hat, um das Optimale zu leisten.

Das ist es doch, was sich jedes Unternehmen wünscht und was seinen Erfolg ausmacht.

Ein weiteres Beispiel: Gerd Lissy ist noch relativ neu in der Abteilung und für die Kundenbetreuung verantwortlich. Er soll unter anderem die Kundendaten im PC auf den neuesten Stand bringen und dazu eine neu installierte Software benutzen.

Zunächst schien es ihm keine Probleme zu bereiten, doch dann kommt er nicht so recht weiter. Egal, was man ihn fragt, er zögert mit der Antwort, weicht aus, seine Erklärungen sind schwammig, kurz: Er ist ziemlich unproduktiv.

Sie haben den Eindruck, dass er viel Zeit vertrödelt und sich auf Kosten der anderen einen faulen Lenz macht. Auf jeden Fall – so spotten die Kollegen bereits ärgerlich – überarbeitet sich Gerd wahrlich nicht. Er hat auch immer Zeit für ein Schwätzchen und ist oft nicht an seinem Arbeitsplatz.

Ein klarer Fall von Arbeitsunlust und mangelnder Leistungsbereitschaft, könnte man meinen.

Wenn Sie aber an mangelnde Leistungs*fähigkeit* denken, merken Sie: Gerd Lissy ist gar nicht in der Lage, seine Aufgabe zu erfüllen. Er kann es schlicht nicht; er beherrscht das Programm nicht und hat sich bislang mehr schlecht als recht durchgewurschtelt.

Sie fragen sich, warum er nicht um Hilfe gebeten hat. Antwort: Weil Männer das nicht tun. Männer würden sich eher den kleinen Finger abhacken als zugeben, dass sie etwas nicht können.

In meinen Seminaren fragen die männlichen Teilnehmer beispielsweise auffallend oft erst in der Pause (wenn die anderen es nicht mitbekommen) nach Details, die ihnen während des Seminars nicht ganz klar wurden. Frauen hingegen fragen unbekümmert in der Seminarrunde – vor den anderen.

Wie gehen Sie nun bei Gerd Lissy vor? Am besten sagen Sie ihm in einem Vier-Augen-Gespräch auf den Kopf zu, dass Sie sein Geheimnis kennen. Nun lassen Sie ihn Ideen entwickeln, wie er das Problem lösen will, und legen dann mit ihm gemeinsam fest, wie in Zukunft verfahren werden soll.

Es ist wichtig, dass Sie ein Umfeld schaffen, in welchem Ihre Mitarbeiter ihre Fähigkeiten nutzen können und in welchem die Menschen an den Plätzen arbeiten, für welche sie qualifiziert sind – für welche sie die *Fähigkeiten* haben! Oder anders formuliert: *Motivieren* darf nicht von außen geschehen, sondern muss von innen heraus kommen, während *Demotivation* von außen oder von innen unbedingt verhindert werden muss!

Hier ein Beispiel für einen weiteren Motivationskiller, die Ignoranz.

Eine Mitarbeiterin von Ihnen, nennen wir sie Karin Winter, kommt immer wieder morgens zu spät. Das bedeutet für die Kollegen, dass sie ihre Telefonate in der ersten Viertelstunde mit übernehmen. Ein klassisches Konfliktpotenzial.

Sie haben mit Frau Winter bereits ein Gespräch geführt, in welchem Sie freundlich an sie appellierten, in Zukunft pünktlich zu kommen. Es geht eine kurze Zeit gut und dann setzt der alte »Schlendrian« wieder ein.

Das nächste Gespräch mit ihr ist schon ein wenig nachdrücklicher – aber auch danach ist die Wirkung schnell verpufft.

Die Kollegen nehmen es noch mit Humor und schenken ihr einen übergroßen Wecker. Es nützt kurz etwas, dann wieder das übliche Zuspätkommen.

Noch eine Verwarnung Ihrerseits – diesmal mit Androhung der Abmahnung. Dann die Abmahnung! Es erfolgt keine grundlegende Änderung ihres Verhaltens. Das ist völlig unverständlich.

Sie denken: »Karin Winter dreht sich ihren eigenen Strick. Warum tut sie so etwas?«

Möglicherweise sehnt sie sich nach Aufmerksamkeit!

Denken Sie doch mal an Kinder. Was tun sie, wenn sie sich nicht genügend beachtet fühlen? Sie machen Blödsinn. Weitspringen in das frisch angelegte Blumenbeet oder Kicken im Wohnzimmer oder Ähnliches. Kinder sind da sehr kreativ.

Und was passiert, wenn die teure Tiffanylampe in tausend Teile zersprungen ist? Die Kleinen bekommen ziemlichen Ärger. Vielleicht ein paar hinter die Ohren, aber zumindestens eine ernsthafte Standpauke. Auf jeden Fall wird das Kind jetzt beachtet.

Hier herrscht, wie Psychologen herausgefunden haben, das Motto »Besser eine negative Zuwendung (Strafe), als ignoriert werden«. Und dieses tief verborgene Bedürfnis nach Zuwendung begleitet uns meiner Meinung nach bis ins Erwachsenen-Leben.

Aufmerksamkeit ist also ein kostenloser Motivator mit einer solch immensen Wirkung, die mit Geld oder anderen Ködermitteln niemals zu erreichen ist.

Fassen wir zusammen: Welche Demotivationsfaktoren gibt es?

- bewertende Kritik, abwertende Kritik bzw. Kritik in der »Du-Aussage«
- mangelnde Aufmerksamkeit
- fehlendes Lob, fehlende Anerkennung
- Unterstellungen mit dem Tenor »keine Bereitschaft etwas zu leisten«
- der Mitarbeiter wird nicht ernst genommen
- man hat nie Zeit für die Mitarbeiter
- Mitarbeiterbedürfnisse werden ignoriert
- Chefverhalten nach dem Motto »Neue Besen kehren gut«
- schlechte Informationspolitik
- ungenaue Instruktionen
- Gefühle der Mitarbeiter werden missachtet
- autoritärer Führungsstil
- Anordnungen, deren Sinn nicht zu erkennen ist

Wenn Sie es schaffen, die genannten Faktoren in Ihrem Unternehmen zu bekämpfen, dann werden Sie sich vor Erfolg kaum noch retten können.

Und wir Frauen können uns dieses Vorgehen leisten, ohne unglaubwürdig oder weichlich zu erscheinen. Uns nimmt man es ab, dass wir uns ums Betriebsklima kümmern. Wir besitzen ein hohes Maß an Sozialkompetenz und daher haben wir auf diesem Gebiet endlich mal einen Riesenvorsprung vor den männlichen Führungskräften.

Wie sieht es mit Ihrem Motivationsverständnis aus? Nennen Sie spontan eine Prozentzahl, die Sie der jeweiligen Rubrik zuordnen (siehe auch Dagmar Kohlmann: »Gestern Kollege – heute Vorgesetzter«):

1. Motivation besteht zu ? % aus Befriedigung der psychosozialen Bedürfnisse, wie
   - → Feedback
   - → Zugehörigkeit
   - → Offenheit
   - → Ehrlichkeit
   - → Glaubwürdigkeit
   - → Vertrauen
   - → Gerechtigkeit
   - → Aufmerksamkeit
   - → Verantwortung
   - → Mitwirkung

2. Motivation besteht zu ? % aus intellektuellen Bedürfnissen, wie
   - → Selbstverwirklichung
   - → Interessanten und abwechslungsreichen Arbeitsaufgaben
   - → Herausforderung

3. Motivation besteht zu ? % aus materiellen Anreizen.
(Auflösung: 1= 60%, 2=30% , 3=10%)

Zündstoff für Konflikte: Wenn ein Mensch unmotiviert ist, dann liegt das nicht immer daran, dass er faul ist. Es hat sehr häufig damit zu tun, dass im Unternehmen Demotivation vorherrscht.

Es gibt keine Anerkennung, keine Sinngebung, keine Entfaltung; seitens der Vorgesetzten wird ständig genörgelt und kritisiert, es wird unterstellt, die Mitarbeiter hätten »null Bock«, Versprechen der Vorgesetzten werden nicht eingehalten.

All das führt in letzter Konsequenz zu Frust, Arbeitsunlust, innerer Kündigung, Aufwiegeln der Kollegen, Krankheit und manchmal auch zu ständigem Zuspätkommen.

Lösungsidee:

Versuchen Sie, Demotivationsfaktoren gründlich auszumerzen! Spielen Unter- oder Überforderung eine Rolle?
Beachten Sie die Leistung der einzelnen Mitarbeiter. Falls sich einer auf Kosten der anderen ausruht, sollten Sie ihm notfalls kündigen.
Starre und unsinnige bürokratische Regeln sollten ausgehebelt werden, damit es weitergeht.
Der Informationsfluss sollte verbessert, Entscheidungszeiten drastisch verkürzt werden.
Ideen der Mitarbeiter sollten Sie aufnehmen, prüfen und rückmelden, was daraus wurde.

Führen durch Mitarbeiter-Gesprächsrunden

Führen Sie bereits regelmäßig Gesprächsrunden mit Ihren Mitarbeitern durch? Falls nicht, dann seien Sie nicht enttäuscht, wenn es bei der Einführung dieser Runden lange Gesichter gibt.

Viele Mitarbeiter haben mit solchen Treffen bereits schlechte Erfahrungen gemacht und halten sie deshalb für überflüssig.

»Das ist reine Zeitverschendung«, wird Ihnen entgegengehalten, »dabei ist doch bislang noch nie etwas Gescheites herausgekommen.« Schon möglich.

Wir alle kennen vermutlich genug Unternehmen, in denen vor lauter Besprechungen niemand mehr zum Arbeiten kommt. Das lässt aber nicht automatisch den Umkehrschluss zu, dass die Gesprächsrunden unnütz sind. Es kommt ganz auf die Organisation an.

Hier ein Leitfaden, der den Praxistest bereits bestanden hat:

1. Freundlicher Einstieg
2. Gesprächsziel klar und deutlich nennen
3. Fragen Sie nach den positiven Resultaten und deren Gründen
4. Anerkennung dieser Leistung
5. Fragen Sie nach den negativen Resultaten und deren Gründen
6. Fragen Sie die Mitarbeiter nach Ideen zur Lösung
7. Anerkennung dieser Ideen
8. Legen Sie die neuen Ideen fest
9. Vereinbaren Sie einen Kontrolltermin

1. *Freundlicher Einstieg* bedeutet: Begrüßen Sie die Mitarbeiter freundlich und sagen Sie ein paar nette Worte zum Einstimmen. Hier geht es darum, eine entspannte Atmosphäre zu schaffen.
2. *Klares Gesprächsziel nennen* bedeutet: Falls nicht schon in der Einladung erwähnt (oder falls aktuelle Punkte hinzugekommen sind), zeigen Sie kurz und klar auf, um was es in der nächsten halben Stunde geht. Die Mitarbeiter können sich dadurch auf die genannten Themen einstellen und bereits den einen oder anderen Gedanken dazu notieren. Außerdem nehmen Sie den Mitarbeitern die Befürchtung, dass etwas zur Sprache kommen könnte, was einem Einzelnen peinlich sein könnte. Unangenehme oder peinliche Themen gehören nicht in die Öffentlichkeit, sondern ausschließlich in ein Vier-Augen-Gespräch!
3. *Frage nach positiven Resultaten* bedeutet: Die Beantwortung der Frage: »Was ist Ihnen gut gelungen?« gibt den Mitarbeitern die Möglichkeit, über etwas zu reden, was sie sonst vielleicht nicht erwähnt hätten. Dadurch wäre es vielleicht nie positiv aufgefallen. Sollte Ihnen tatsächlich entgangen sein, dass etwa Kundentelefonate mithilfe einer neuen Software inzwischen viel effizienter bearbeitet werden, dann kann der Betreffende, der zu diesem Erfolg beigetragen hat, darüber berichten.
4. *Anerkennung* bedeutet: Sie können das, was jeder gern hört, laut und deutlich äußern: *Lob!*
5. *Frage nach negativen Resultaten* bedeutet: »Was hat nicht geklappt?« Hier geht es nicht darum, dass endlich Schuldige in die Pflicht genommen werden, sondern darum, dass Schwachstellen ans Tageslicht kommen. Wenn Sie es geschafft haben, ein Klima aufzubauen, in welchem keine Angst herrscht, dann werden die Mitarbeiter über die ärgerlichen Punkte im Arbeitsablauf berichten.

6. *Frage nach Ideen zur Lösung* bedeutet: Machen nicht Sie die Vorschläge zur Behebung der Schwachstellen, sondern lassen Sie die Mitarbeiter eigene Ideen entwickeln. Die Art der Ideen gibt Ihnen einen guten Einblick, ob die Zielvorgaben von allen Mitarbeitern verstanden wurden. Denn sollte eine Idee dabei sein, die stark vom Ziel abweicht, dann müssen Sie das Ziel neu definieren. Dieser Punkt eignet sich auch dazu, neue Projekte, Ziele oder Ideen vorzustellen. Die Mitarbeiter entscheiden hier auch selbst, wer welche Aufgaben übernimmt.
7. *Anerkennung der Ideen* bedeutet: Respektieren und eventuell Loben der gesammelten Ideen.
8. *Festlegung der neuen Ideen* bedeutet: Sie lassen die Mitarbeiter die Schritte festlegen, die sie einschlagen wollen, um das Problem zu lösen. So haben Sie auch in Zukunft eine bessere Handhabe, das noch nicht Erledigte einzufordern. »Sie haben doch selbst entschieden, dass Sie das so machen wollten« klingt dabei besser als: »Ich habe Ihnen doch gesagt, Sie sollen das erledigen.« Sie lösen die Gesprächsrunde nicht auf, bevor Sie nicht einen neuen Termin für das nächste Treffen vereinbart haben.
9. *Kontrolle* bedeutet: Hier wir nachgeprüft, ob sich die oben genannten Schritte in der Praxis bewährt haben, denn nicht immer decken sich Theorie und Praxis. Falls es Abweichungen gibt, werden Korrekturen besprochen. Dieser Kontrolltermin ist deshalb so wichtig, weil es außerordentlich frustrierend ist, wenn sich die ganze Mannschaft bemüht, etwas zu verändern, und es dann niemandem auffällt. Sie wissen selbst, wie schwierig es ist, Bestehendes zu verändern. Gewohnheit ist der beste Klebstoff der Welt!

Führen durch Delegieren

Die klassische Form des Delegierens ist, Aufgaben von »oben« nach »unten« zu verteilen. Wenn Ihre Mitarbeiterkonferenzen effizient laufen, dann erübrigt sich allmählich die Arbeit des Delegierens, weil Sie den Sitzungsraum nicht verlassen, bevor nicht von den Mitarbeitern festgelegt wurde, wer welche Aufgabe übernimmt. Sie fungieren in den Sitzungen oft nur noch als Moderatorin.

Wenn Ihre Mitarbeiter es bisher nicht gewohnt waren, die Initiative zu ergreifen, dann wird es anfangs noch Verzögerungen geben. Aber bitte verlieren Sie nicht die Geduld. Veränderungen brauchen einige Zeit. Wenn die Mitarbeiter merken, dass Sie ihnen einiges zutrauen, dann wird sich das entgegengebrachte Vertrauen bei den meisten positiv auswirken.

Schauen wir uns doch mal die gängigen Ausreden an, mit denen das Delegieren vermieden werden soll:

1. *Die Mitarbeiter haben ohnehin schon zu viel zu tun.*
   Das mag vordergründig so aussehen, muss aber nicht zutreffen.
   Wenn in Ihrem Unternehmen immer stark kontrolliert wurde, ob die Mitarbeiter auch fleißig ihre Arbeit tun, dann wurde im Gegenzug fleißig daran gearbeitet, so zu tun, als ob alle überbelastet sind. Wenn die Menschen wieder Spaß an der Arbeit haben, dann werden sie eher neue Tätigkeiten annehmen.
   Prüfen Sie, ob es nur oberflächlich so wirkt, dass alle höchst beschäftigt sind.
   Geben Sie bekannt, dass neue Herausforderungen anstehen. Erläutern Sie diese Aufgaben, machen Sie sie transparent, informieren Sie, um was genau es sich handelt,

und ich bin sicher, dass sich jemand findet, dem diese Anforderung wichtig ist.
Zusätzlich kann geprüft werden, ob sich nicht in Ihrer Abteilung Zeitfresser eingeschlichen haben, die äußerst uneffizient sind.

2. *Die Mitarbeiter können das doch gar nicht.*
Natürlich ist noch kein Meister vom Himmel gefallen und der Satz »Ach, in der Zeit, in der ich das lang und breit erkläre, mache ich es schnell selbst« kommt auch schnell über die Lippen.
Aber hier ist zu bedenken, dass Selbermachen weder wirklich Zeit spart noch besonders ergebnisorientiert gedacht ist.
Einmal müssen Ihre Mitarbeiter auf den neuesten Wissensstand gebracht werden, denn sonst machen Sie am Ende wirklich alles selbst und demotivieren dadurch Ihre Mitarbeiter.

3. *Die Mitarbeiter wollen ja gar nicht.*
Hier ist nicht automatisch mangelnde Leistungsbereitschaft der Grund dafür, etwas nicht zu wollen. Der Grund kann darin liegen, dass in Ihrem Unternehmen eine schlechte Fehlerkultur herrscht. Das bedeutet, die Mitarbeiter scheuen davor zurück, etwas auszuprobieren, weil sie bei eventuellen Fehlern unangenehme Konsequenzen fürchten. Oder es kann zu Konkurrenzdenken in der Abteilung kommen – zu Kompetenzgerangel.
Stellen Sie sich vor, Sie weisen Frau Müller an, zukünftig alle Berichte zu überprüfen, bevor sie in Umlauf kommen. Wenn das teilweise schon Frau Meiers Aufgabe war, dann wird Frau Müller sich vor der Aufgabe drücken, um Schwierigkeiten mit Frau Meier zu vermeiden.

4. *Ich habe niemanden, an den ich etwas delegieren könnte.* In diesem Falle überprüfen Sie bitte, ob Sie zur Seite delegieren oder vielleicht sogar »nach oben«.

5. *Ich habe zu wenig Vollmachten.* Das kann sich dadurch bemerkbar machen, dass Sie bei dem Versuch zu delegieren die Antwort bekommen: »Das soll mir der Herr Schmidt (der nächsthöhere Vorgesetzte, Chef der Personalabteilung etc.) selbst sagen. Vorher mache ich nichts.«
   Spätestens jetzt rächt es sich, wenn Sie nicht sauber in Ihre neue Rolle als Vorgesetzte eingeführt wurden. Das muss *dringend* nachgeholt werden, denn solange nicht klar ist, wo Ihre Kompetenzen liegen, werden Ihnen die Mitarbeiter nicht folgen.

6. *Mir fehlt die Zeit zum Erklären.* Wie sieht es mit Ihrem Zeitmanagement aus? Vielleicht waren die ersten Wochen und Monate Ihrer Führungsverantwortung ziemlich chaotisch und es haben sich viele zeitraubende Gewohnheiten eingeschlichen. Jetzt ist es höchste Zeit zum Aufräumen!
   Befreien Sie sich von uneffizienten Aufgaben – auch wenn es Ihnen noch so schwer fällt. Nichts gefährdet den Abteilungsfrieden mehr als eine abgehetzte Chefin.

7. *Ich kann es selbst am besten.* Andere können auch sehr gut Aufgaben bewältigen, die man als sein persönliches Privileg betrachtet.

Dass Sie vieles selbst am besten machen, bezweifelt ja niemand. Deshalb haben Sie ja den Posten bekommen. Dennoch: Geben Sie unbedingt Aufgaben ab!

Wenn Sie meinen, durch Delegieren kein Risiko eingehen zu dürfen, dann wird es höchste Zeit, dass Ihre Leute qualifiziert werden und dass mehr Vertrauen aufgebaut wird. Wie gesagt: Wenn Sie Ihren Mitarbeitern mehr zutrauen, werden die sich auch mehr zutrauen. Das ist eine sehr einfache, aber wirkungsvolle Spielregel.
Abschließend noch ein Test im Hinblick darauf, was sich grundsätzlich delegieren lässt und was nicht. Kreuzen Sie die entsprechende Antwort an.

Können Sie die folgenden Aufgaben delegieren?

1. Prioritäten festlegen	ja	nein
2. Routine-Aufgaben: Standard-Aufgaben, die täglich erledigt werden, aber nicht immer wieder neu überlegt werden müssen	ja	nein
3. An Besprechungen und Konferenzen teilnehmen, die zum Aufgabenbereich des Mitarbeiters gehören	ja	nein
4. Repräsentationsaufgaben bei ganz besonderen Anlässen	ja	nein
5. Im Krisenfall reagieren: Statements für die Öffentlichkeit liefern und für den Ernstfall Richtlinien schaffen	ja	nein

6. Aufgaben, die besonders zeitraubend sind	ja	nein
7. Ihre Lieblingsaufgabe	ja	nein
8. Die Verantwortung für Strategien und Zielerreichung	ja	nein
9. Kundenkontakt/Kunden-information	ja	nein
10. Größere und kleinere Betriebsgeheimnisse	ja	nein
11. Verantwortungsvolle Personalangelegenheiten, wie etwa Mitarbeiter einstellen, Disziplinarverfahren, Abmahnungen	ja	nein
12. Sonderaufgaben wie Berichte schreiben, Statistiken erstellen Jahresberichte redigieren usw.	ja	nein

Auflösung:

1. *Nein.* Nur Sie kennen die internen Zusammenhänge. Sie haben den »Hubschrauberblick«, also den größeren Überblick.
2. *Ja.* Standard-Aufgaben, die nicht neu überdacht, aber täglich erledigt werden müssen, können Sie ohne weiteres delegieren. Sie machen es bereits mit links und langweilen sich, für den Mitarbeiter ist es neu und interessant.

3. *Ja.* Es ist nicht immer vonnöten, dass Sie selbst bei jeder Konferenz anwesend sind. Manchmal sind Ihre Mitarbeiter besser informiert, da sie direkt mit der Angelegenheit zu tun haben und in den Besprechungen gezielter Auskunft geben können.
4. *Nein.* Repräsentationsaufgaben können Sie deshalb nicht delegieren, weil es bei besonderen Anlässen wichtiger ist, *wer* anwesend ist und nicht, *was* gesprochen wird.
5. *Nein.* Im Krisenfall muss die Chefin schon selbst die Löscharbeiten machen. Wenn etwa ein öffentliches Statement notwendig ist, dann ist das absolute Chefsache!
6. *Ja.* Was für Sie schon langweilige Routine ist, kann für den Mitarbeiter eine echte Herausforderung sein.
7. *Ja.* Auch wenn es noch so schwer fällt.
8. *Nein.* Führen heißt unter anderem: Den Mitarbeiter klar über die Ziele informieren. Innerhalb dieser Rahmenbedingungen kann er die Mittel, die ihn ans Ziel bringen, selbst wählen.
9. *Ja.* Wenn die Mitarbeiter sowieso durch ihre tägliche Arbeit mit dem Kunden Kontakt haben, dann »dürfen« sie auch Beratung und Verkauf übernehmen, wenn es einen Sinn ergibt. Allerdings muss der Vertrieb informiert werden, sonst gibt's Ärger.
10. *Nein.* Aus Gründen möglicher Industriespionage darf es nur einen kleinen Kreis Eingeweihter geben.
11. *Nein.* Einstellungen, Kündigungen, Mitarbeiterbeurteilungen etc. sind grundsätzlich Chefsache. Mitarbeiter haben nicht die Hintergrundinformationen, die notwendig sind, um solche Entscheidungen zu treffen.
12. *Ja.* Beispielsweise Hintergrundstoff zu einem bestimmten Thema zu sammeln oder die Wettbewerbsangebote im Internet zu verfolgen ist Mitarbeitersache. Entlasten Sie sich!

Zündstoff für Konflikte: Wegen Überlastung können Sie Ihre Führungsaufgaben nicht richtig wahrnehmen. Die Gefahr, dass Ihnen die Zeit davonläuft, ist groß und Sie geraten unter Druck.

Das kann zu gereizten Reaktionen führen wie: »Müssen die denn wegen jedem Mist zu mir kommen?« oder »Kann vielleicht hier mal jemand das Hirn einschalten?«

Sie werden ungeduldig und machen dann die üblichen Fehler, die von Ihren Mitarbeitern als Gleichgültigkeit ihnen gegenüber gewertet werden.

Das führt zu Demotivation auf der ganzen Linie und macht Ihnen dadurch noch mehr Arbeit. Ein Teufelskreis.

Lösungsidee:

> Selbst wenn Sie den Eindruck haben, dass Delegieren Sie noch mehr Zeit kostet, ist dieser Zeitaufwand absehbar. Danach wird sich Ihr Zeitplan angenehm verändern.

Führen nach »oben«

Sie haben das unbestimmte Gefühl, dass mit dem Verhältnis zu Ihrem direkten Vorgesetzten etwas nicht stimmt.

Bei den Meetings lässt er Sie auflaufen, indem er mit Informationen erst dann herausrückt, wenn bereits die Lösung diskutiert wird. Sie hatten keine Ahnung, dass dieses spezielle Thema Gegenstand der Sitzung ist (er hat es Ihnen verschwiegen), und sind natürlich nicht vorbereitet.

Das Wort wird an Sie gerichtet, die Konferenzteilnehmer möchten Ihre Meinung hören. Sie stottern verlegen, bis Ihr Chef Sie »erlöst« und für Sie antwortet.

Gönnerhaft und beruhigend klopft er Ihnen auf die Schulter: »Aller Anfang ist schwer…« Sie wirken inkompetent!

Es stört Sie auch, dass er immer wieder bereits vereinbarte Termine verschiebt, bei denen es darum gehen sollte, endlich eine bestimmte Richtung festzulegen und nächste Schritte zu planen.

Irgendwann hat er eine Entscheidung dann im Alleingang getroffen, von der Sie nichts wussten. Sie fühlen sich übergangen und blamiert.

Sie stellen fest, er hält überhaupt gern Informationen zurück. Somit ist er immer der Mächtige, der Überlegene.

Die Vermutung liegt nahe, dass er Sie fürchtet und die berühmten Sägegeräusche an seinem Stuhl hört.

Lösungsidee:

Wenn Sie schon ein paarmal die Blamierte waren, fragen Sie bitte Ihren Chef vor jeder Sitzung nach den Themen. Wenn er Ihnen die Information nicht freiwillig rausrückt, dann holen Sie sie sich eben!

Sollte das nicht funktionieren, beschaffen Sie sich von anderen Konferenzteilnehmern die Tagesordnungspunkte. Das ist zwar lästig, aber nicht zu vermeiden – es geht schließlich um Ihren Ruf in der Firma.

Zusätzlich sollten Sie so arbeiten, dass der übernächste Vorgesetzte auf Sie aufmerksam wird, allerdings ohne dass Sie Ihren direkten Chef dadurch in Misskredit bringen.

Nein, Sie könnten eher informell bei jeder sich bietenden Gelegenheit über Ihr Projekt berichten, über Ihre Erfolge »plaudern«, über Ihre neuen Ziele sprechen.

Sinn und Zweck dieser Übung ist, sich an der richtigen Stelle ins Blickfeld zu rücken.

Keine Sorge, Ihrem direkten Chef spucken Sie dadurch nicht in die Suppe, und sollte er dennoch schmollen, dann haben Sie wenigstens den guten Draht nach oben schon einmal weiter ausgebaut.
Sollte Ihr Chef sich keine Sorgen um seinen Posten machen, aber dennoch kaum Informationen weitergeben, dann sprechen Sie mit ihm.
Es kann sein, dass er verwundert reagiert und Ihnen glaubhaft versichert, dass Sie die erste seien, die alle wichtigen Informationen sofort erhalte. Dann gibt es ein semantisches Problem. Was heißt »wichtig«? Wo liegen die jeweiligen Prioritäten?
Überprüfen Sie, ob Sie dieselben Ziele verfolgen. Hat er die gleiche Vorstellung wie Sie? Oder hält er Informationen für unwichtig, die Sie dringend brauchen, um Ihr Ziel zu erreichen? Legen Sie neue Prioritäten fest.
Da er auch an Ziele gebunden ist, wird er gern klare Zieldefinitionen festlegen.

Angenommen, Ihr Chef ist ein Chaot und kommt immer in letzter Sekunde mit Eilaufträgen. Er hat wieder einmal Termine nicht eingehalten und braucht dringend Ihre Hilfe. Er wirft jedes Mal Ihren Zeitplan über den Haufen.

Und das ist kein Einzelfall, sondern bestimmt allmählich Ihren Tagesablauf. Planen können Sie nicht mehr und Ihre eigentliche Arbeit müssen Sie nach Feierabend erledigen.

Ihre Überstunden häufen sich, in Ihrer Partnerschaft beginnt es zu kriseln. Ihre Mitarbeiter sind sauer, weil Sie nun auch schon ein chaotisches Management betreiben.

Lösungsidee:

Auch im Chaos steckt ein System. Wenn Sie dieses System erkannt haben, dann tun Sie sich mit der Sekretärin Ihres

Chefs zusammen, um ihm eine rechtzeitige Planung zu organisieren.
Wenn Sie seine Schwachstellen durchschaut haben, dann können Sie mithilfe Ihres Organisationstalents Arbeiten wieder an ihn zurückdelegieren – sozusagen Hilfe zur Selbsthilfe leisten.
Nehmen Sie nicht immer alles an, was Sie für Ihren Chef erledigen sollen, das verführt ihn nur dazu, Ihnen immer wieder alles zuzuschaufeln! Wir Frauen neigen ohnehin schon dazu, widerspruchslos fremde Aufgaben zu erledigen.

Führen durch die Stimme

Dieses Kapitel mag Ihnen im ersten Augenblick vielleicht nicht so wichtig erscheinen, aber Ihr Auftreten, Ihre Stimme und deren Lautstärke können über Ihre Zukunft entscheiden.

Hier prallen zwei entgegengesetzte Verhaltensmuster aufeinander – nämlich einerseits freundlich, vorsichtig und »lieb«, andererseits aber kraftvoll-auflehnend und dominant zu sein.

Sie sind eine Führungskraft und müssen sich in Verhandlungen durchsetzen, Sie müssen in Ihrer Abteilung *bestimmen*, wo's langgeht.

Ist Ihre Stimme leise, zart, zurückhaltend und vornehm, ganz so, wie es Ihnen als Kind beigebracht wurde, dann werden Sie nicht gehört. Und das können Sie sich in Ihrer neuen Position nicht leisten.

Je dunkler eine Stimme ist, desto glaubwürdiger wirkt sie. Da sind Männer von Natur aus im Vorteil.

Aber was für uns Frauen noch schlimmer ist: In aufgebrachter oder nervöser Stimmung verlieren wir leicht die Stimme, oder sie kippt und wird quietschig. Dann gelten wir oft als hysterisch und verlieren die Achtung unserer männlichen Verhandlungspartner.

Ich habe oft die mitleidigen bis abfälligen Blicke von Männern beobachtet, wenn Frauen sich gegen vermeintliche Ungerechtigkeiten wehrten. Je emotionaler Frauen auf Vorwürfe reagierten, desto höher wurde ihre Stimmlage und die Akzeptanz ihrer Argumente sank auf den Nullpunkt.

Grausam. Ich kann nachvollziehen, woher das Belächeln hoher Stimmen kommt. Wie wirken denn Frauen auf Sie, die mit leicht schrägem Kopf, einem »Bitte hab mich lieb« – Lächeln auf den Lippen und einem zarten, süßen Klein-Mädchen-Stimmchen den einzigen anwesenden Mann darum bittet, den Ordner aus dem Schrank zu holen? Ich kriege da Schreikrämpfe. Bitte, verstehen Sie mich richtig, nicht weil ich die Frau verurteile, sondern weil durch dieses Verhalten den Vorurteilen »Frauen schlafen sich nach oben, oder Frauen sind hilflos, Frauen sind nicht ernst zu nehmen« immer wieder Nahrung gegeben wird. Und hier fehlt uns Frauensolidarität. Denn diese Klein-Mädchen-Strategie bedroht den grundsätzlichen Frauen-Erfolg. Für sich gesehen kann sich jede Frau so benehmen wie sie will – nur steht es dem Aufstieg in die höchsten Führungsetagen im Weg, wenn sich Frauen niedlich verhalten. Solange wir auf dem Standpunkt stehen, nur ein geschmolzener Mann gibt uns das nötige Selbstwertgefühl, können wir nichts verändern. Wenn das Büro als Jagdrevier auf Männer gilt, durch welche wir unseren Selbstwert fühlen, dann gefährden diese Grabenkämpfe den Aufstieg.

Hier einige Übungen zur Stimmbildung:

Sagen Sie bitte mal »mh«, so wie man es beim Zuhören während eines Gesprächs macht. Klingt Ihre Stimme tiefer als sonst? Müsste sie eigentlich.

Das »mh« entspricht Ihrer natürlichen Stimmlage, in welcher Sie Ihre Stimme nicht verändern.

Jetzt sprechen Sie ein paarmal hintereinander das Wort »Ja«, genau in dieser (tieferen) »mh«-Stimmlage!

Bitte sprechen Sie die Ja's immer lauter, sodass Sie beim sechsten »Ja« schon fast laut rufen. *Achtung: Die Stimme darf nicht höher werden!*

Das üben Sie jetzt so lange, bis Ihnen in Fleisch und Blut übergegangen ist, dass Lautstärke nichts mit einer hohen Stimmlage zu tun hat.

Der nächste Schritt: Beginnen Sie wieder mit »Ja, ja« und werden Sie allmählich lauter; dabei sollte die Stimmlage nicht gehalten, sondern tiefer werden. Lauter und tiefer. Es geht, auch wenn es anfangs ungewohnt ist.

Bitte üben Sie das, sobald Sie allein sind (im Auto, im Bad, beim Spaziergang). Das Ziel dieser Übung ist: Sobald Sie Ihre Stimme erheben, soll sie satt, voll und überzeugend klingen.

Beachten Sie bitte: *Jetzt werden Sie gehört.* Und das kann am Anfang recht ungewohnt sein und verlegen machen. Es wird wahrscheinlich einige Kommentare der Kollegen provozieren, mit denen Sie fertig werden müssen, etwa: »Ach guck mal. Jetzt mischt unser Nesthäkchen auch schon mit.«

Das ignorieren Sie. Sie schauen den Schlaumeier an, als würde er Ihnen Leid tun, und dann gehen sie wieder zur Tagesordnung über. Niederschweigen heißt diese elegante Art des Konterns.

Ich ahne schon Ihr Gegenargument: »Denken die anderen dann nicht, dass mir nichts dazu eingefallen ist?« Das kann und muss Ihnen egal sein, denn Sie zeigen durch Ihre Körpersprache deutlich, was Sie von dem Kommentar des Kollegen halten. Der Hund bellt und die Karawane zieht weiter... Es lohnt sich nicht, auf alles zu reagieren. So sieht's aus.

Das Sprachverhalten von Männer unterscheidet sich deutlich vom Sprachverhalten der Frauen und das bedeutet für Sie, dass Sie in Verhandlungen unbedingt Ihre Stimme erheben müssen, wenn Sie bestehen wollen.

1. *Männer verfügen über mehrere Strategien, mit denen sie (auch unbewusst) versuchen, Gespräche zu beherrschen.*

Männer beanspruchen beispielsweise mehr Platz. Sie sitzen in Verhandlungen oft breitbeinig da, die Arme auf die Lehnen der Nachbarstühle gestützt. Sie beanspruchen wie selbstverständlich einen höheren gesellschaftlichen Status, welcher ihnen auch gewährt wird in Form von mehr Macht und mehr Freiraum im Benehmen.

Sie kennen das wahrscheinlich: Eine Frau macht in einer Konferenz einen Vorschlag. Keine Resonanz. Ein Mann bringt kurz darauf die gleiche Idee ein. Lebhaftes Echo.

Lösungsidee:

An der Stelle müssen Sie sofort einhaken und betonen, dass Sie dankbar sind für die verbale Unterstützung, Ihre Ideen noch einmal zu formulieren – doch jetzt würden Sie wieder übernehmen. Das funktioniert aber nur, wenn Sie Ihre Stimme erheben!

2. *Männer sprechen lauter als Frauen.*

Abgesehen davon, dass Männerstimmen kräftiger wirken oder sind als Frauenstimmen, sind wir Frauen oft sehr vorsichtig mit dem Einbringen unserer Argumente. Wir tasten uns an eine Sachlage heran. Und ebenso vorsichtig klingt dann auch unsere Stimme. Die Folge: Sie werden überhört. Also, hinein in den Mittelpunkt der Diskussion! Oft beklagen sich Frauen in meinen Seminaren darüber, dass sie sich von Männern verbal unterdrückt fühlen.

Bei näherem Betrachten stellt sich dann heraus, dass sich Frauen im Mittelpunkt einer Diskussion meistens unwohl fühlen und dann den Männern doch wieder den Vortritt lassen.

Lösungsidee:

Üben, üben, üben, auch wenn Sie rote Flecke am Hals bekommen. Bis sich mehr Sicherheit eingestellt hat, können Sie ja ein Halstuch oder einen Rollkragenpullover tragen.

3. *Männer sprechen bestimmter, auch wenn sie sich einer Sache nicht sicher sind.*

Männer trauen sich, Stimme zu zeigen. Unabhängig davon, ob sie in der Sache Recht haben. Hier tastet sich niemand vorsichtig an das Thema heran. Mitten hinein in die Behauptung und mal schauen, was geschieht. Davon können wir uns eine Scheibe abschneiden!

Was hindert uns daran, ebenfalls laut unsere Ansicht kundzutun? Keine Angst, wir behaupten nichts, was wir nicht hundertprozentig wissen.

Also geht es doch wieder nur darum, dass Sie sich trauen, Ihre Stimme zu erheben, bevor Sie das »Spielfeld« anderen überlassen.

Lösungsidee:

Sie müssen immer wieder nachfragen. Warten Sie nicht ab, bis Behauptungen zu Fakten mutieren! Wer etwas behauptet, ist beweispflichtig!

4. *Männer unterbrechen Frauen häufiger als umgekehrt.* Wir Frauen sind oft viel zu höflich, um uns Unterbrechungen zu verbitten oder andere zu unterbrechen.

Manchmal sind wir bei der x-ten Unterbrechung so verärgert, dass wir verstummen. Und das Feld gehört wieder den Männern.

Ergreifen Sie dann in *bestimmtem* Tonfall wieder das Wort und sagen Sie: »Moment, ich habe noch nicht zu Ende gesprochen« oder »Ich möchte meinen Satz gern beenden« oder »Herr Kollege, das war jetzt die dritte Unterbrechung, jetzt halten Sie sich bitte zurück«.

Wenn Sie das nicht ausfallend, sondern freundlich und bestimmt sagen, werden Sie sehen, was der richtige Tonfall bewirken kann.

Führen, ohne zu erröten

Wenn Sie alles bisher Erwähnte beachtet haben und endlich gehört werden, dann kann das nächste Problem – das Erröten – Ihnen eine Falle stellen.

Stellen Sie sich vor, Sie haben tatsächlich das Wort ergriffen, alle Augen sind auf Sie gerichtet. Das Gesprächsklima ist angespannt und Sie denken: »Jedes Wort muss sitzen.«

Auf einmal spüren Sie, wie Ihnen das Blut in den Kopf steigt; Ihnen wird ganz heiß. Sie möchten sich am liebsten in das nächstbeste Mauseloch verkriechen. Und das strahlen Sie dann auch aus.

Sie verhaspeln sich, werden atemlos, Ihnen fehlen plötzlich die Worte, obwohl Sie sich bis eben noch ganz sicher waren, was Sie sagen wollten.

Vielleicht haben Sie lange Haare und versuchen, durch das Vorbeugen des Kopfes Ihre Haare so fallen zu lassen, dass Ihr knallrotes Gesicht dadurch verdeckt wird. Und Sie fühlen sich währenddessen bewusst ununterbrochen beobachtet.

Oder Sie sind bislang der Konferenz nur flüchtig gefolgt, waren gerade mit Ihren Gedanken ganz woanders und hören plötzlich Ihren Namen. Sie schrecken auf und schauen in eine Menge erwartungsvoller Augen.

Da Sie die Frage, die an Sie gerichtet wurde, nicht gehört haben, muss sie wiederholt werden. Sie sollen nun aus dem Stegreif eine Antwort geben – und werden knallrot! Ihnen bleibt die Luft weg, Ihre Hände werden feucht.

Oder Sie werden vor den Kollegen von Ihrem Chef zu Unrecht kritisiert und merken, wie Ihnen die Zornesröte ins Gesicht steigt.

Solche und ähnliche Situationen führen dazu, dass Sie manchmal den ganzen Krempel am liebsten hinschmeißen und auf die Karriere pfeifen würden.

Zündstoff für Konflikte: Das Erröten kann Sie so sehr verunsichern, dass es Sie um Ihre Erfolge bringen kann. Das wiederum kann dazu führen, dass Sie bei ganz anderer Gelegenheit verbal um sich schlagen, um diese Verunsicherung zu kompensieren. Dadurch werden Sie unberechenbar und werden auf Dauer nicht ernst genommen.

Lösungsidee:

Auch wenn es Ihnen schwer fällt, sollten Sie einfach weiterreden. Lassen Sie sich auf keinen Fall aus dem Konzept bringen.

Wenn Sie lange errötet bleiben, dann glauben die anderen, dass es einfach Ihre normale Gesichtsfarbe ist, und denken sich nichts dabei. Einige merken es überhaupt nicht, weil deren Aufmerksamkeit auf andere Dinge gerichtet ist. Und die, die es merken, die sollen es eben merken.

Für die nächste Sitzung können Sie einen Rollkragenpull-

over anziehen oder einen eleganten Seidenschal tragen. Damit ist wenigstens der verräterische Hals bedeckt.
Ein weiterer Trick: Sobald Sie dem Erröten sagen: »Na komm und mach dich breit«, hat es dazu keine Lust mehr und belästigt Sie nicht weiter. So können Sie es nach und nach in den Griff bekommen.
Kürzlich hat mir eine Seminarteilnehmerin folgenden Tipp gegeben: Sobald man merkt, dass einem die Röte ins Gesicht steigt, soll man an kalte, weiße Milch denken.
Ob es funktioniert, weiß ich nicht, aber die anderen Tricks sind recht wirkungsvoll – ich habe sie im Selbstversuch getestet.

Führen durch geschickte Verhandlungskunst

Dialektik (»ars dialectica«) ist die Kunst der Gesprächsführung. Sie geht auf den griechischen Philosophen Platon zurück, dessen Erkenntnisse für uns heute noch erstaunlich aktuell sind.

Es gilt, so zu verhandeln, dass Sie durch Überzeugungskraft, gepaart mit guten Argumenten, Ihre Ideen durchsetzen und nicht mittels beleidigender Bemerkungen, unfairer Angriffe, Provokationen oder Ähnlichem.

Glauben Sie ja nicht, dass Sie durch das Präsentieren reiner Fakten auf der sicheren Seite der Verhandlungskunst stehen.

Es führt wirklich *nichts* mehr an der Erkenntnis vorbei, dass zunächst das Gefühl entscheidet und dann erst kurz darauf der Verstand noch die passenden Begründungen zu dem Ja- oder Nein-Gefühl liefert. Das geschieht so blitzschnell, dass man tatsächlich glaubt, der Verstand habe die Entscheidung getroffen. Dem ist aber nicht so.

Sie wissen vielleicht, dass Kommunikation immer auf zwei Ebenen stattfindet: auf der Beziehungsebene und auf der Inhaltsebene.

Auf der Inhaltsebene findet reine Wissensvermittlung statt, also die Übertragung von Informationen, Zahlen, Daten, Fakten in Form von Argumenten und so weiter.

Die Beziehungsebene ist sozusagen das »menschliche Schmiermittel« dazu. Hierzu gehört alles, was sich auf der nonverbalen Ebene abspielt, etwa die Stimme, die Mimik, die Betonung, die Gestik, der Blick, die Körperhaltung etc.

Wir alle entscheiden zunächst auf der Beziehungsebene, ob uns der Gesprächspartner sympathisch ist oder nicht. Hiervon hängt dann der nächste Schritt ab, in welchem wir entscheiden, ob unser Gesprächspartner kompetent ist oder nicht.

Sollte er beim ersten Schritt schon durch die Prüfung gefallen sein, sich also als unsympathisch erweisen, dann wird sich das negativ auf den Informationsaustausch auswirken.

Daraus folgt: Wenn mir der Mensch gefällt, gefällt mir auch, was er sagt.

Wenn Sie zum Beispiel in der »Süddeutschen Zeitung« (die Sie favorisieren) einen Artikel lesen, der Ihnen sehr gut gefällt, werden Sie sagen: Die ›Süddeutsche‹ ist eine prima Zeitung.«

Wenn Sie einen Artikel gleichen Inhalts in der XY-Zeitung lesen (die Sie ablehnen), dann werden Sie den Artikel blöd finden. So einfach ist das.

Eine Gruppe von Hamburger Psychologen ist bei einer Untersuchung zu folgendem Ergebnis gekommen: Die Inhaltsebene sorgt mit 12% und die Beziehungsebene mit 88% für den Überzeugungstransfer. Also, erst wirkt der Mensch an sich und dann das Thema.

Ist der Mensch eine zwielichtige Figur, wird auch der Inhalt seiner Rede eher bezweifelt. Wirkt der Mensch sehr unsicher, wird der Inhalt nicht besonders ernst genommen. Lachen wir Frauen an den falschen Stellen, wirkt der Inhalt lächerlich. Wirkt der Gesprächspartner abweisend, nehmen wir den Inhalt des Gesagten nicht so gern zur Kenntnis.

Oder noch krasser: Wenn Ihnen ein Gesprächspartner vermittelt, dass er Sie kompetent findet, und Ihnen vollmundig erklärt, dass er selten so einen interessanten Bericht gehört habe wie den Ihren, sich aber gleichzeitig gelangweilt ein imaginäres Staubkorn vom Ärmel schnippt, dann können Sie gewiss sein, dass er nicht sagt, was er denkt – er spricht mit gespaltener Zunge.

Sie nehmen das auf der Beziehungsebene deutlich wahr. Das Fachwort dafür heißt Inkongruenz und bedeutet, dass das Gesagte und die Körpersprache nicht übereinstimmen.

Wenn das der Fall ist, überwiegt immer das, was der Körper ausdrückt (im obigen Fall Desinteresse bzw. Langeweile).

Es ist schwierig, auf Stimmungen, die durch die Körpersprache ausgedrückt werden, zu reagieren, da diese nicht beweisbar sind und somit abgestritten werden können.

Hier ein Beispiel einer Mitarbeiterin, die die Rolle einer Märtyrerin spielt: Sie macht einen deutlich erschöpften Eindruck und immer dann, wenn sie noch etwas auf den Schreibtisch bekommt, richtet sie dramatisch den Blick zur Zimmerdecke und sagt mit leiser, leidender Stimme (begleitet von einem fast unmerklichen Seufzen): »Irgendwie werde ich das auch noch schaffen.«

Sie fragen: »Ist Ihnen das zu viel Arbeit?« Dann wird sie antworten: »Nein, nein, keine Sorge, ich schaffe das schon irgendwie.«

Hier herrscht die pure Inkongruenz. Der Körper sagt: »Ich leide – mir ist alles zu viel«, und der Mund sagt: »Ich schaffe das schon.«

Wenn Sie nicht auf die Körpersprache reagieren, dann gelten Sie als kalt und gefühllos, und wenn Sie reagieren, dann wird Ihre Vermutung abgestritten und darauf verwiesen, dass sie doch gesagt habe, sie schaffe das schon. Solchen Menschen können Sie es nie recht machen.

Die Dialektik gliedert sich in zwei Abteilungen auf: die Frieddialektik und die Kampfdialektik (vgl. Rupert Lay: »Dialektik für Manager«).

1. **Frieddialektik** ist die Kunst, andere zu *überzeugen,* aber nicht zu *besiegen.* Dazu sind vonnöten:
   - Wertschätzung
   - zuhören und verstehen wollen, was der andere sagt
   - ein Sympathiefeld schaffen
   - den anderen ausreden lassen
   - den anderen nicht emotional einengen
   - persönliche Bedürfnisse, wie Prestige und Macht, zurückstellen

Im Vordergrund steht, dass ein **Gleichgewicht in der Gesprächsführung** entsteht.

2. **Kampfdialektik** ist die Kunst, mit allen Mitteln die eigene Meinung durchzusetzen. Hierzu werden unter anderem folgende Methoden angewendet:
   - jede Schwachstelle des anderen sofort anprangern
   - den anderen lächerlich machen
   - den anderen provozieren
   - den anderen bloßstellen
   - die Mehrheit hinter sich ziehen

Im Vordergrund steht der **Sieg um jeden Preis.**

Ein Beispiel: Stellen Sie sich vor, Sie sind eine leidenschaftliche Badminton-Spielerin und würden gern alle Menschen für diesen Sport begeistern.

Sie finden ihn gesund, er wird vorwiegend an der frischen Luft gespielt und Sie haben auch noch nie gehört, dass jemand sich dabei ernsthafte Verletzungen zugezogen hat.

Für Squash-Spieler haben Sie nur ein müdes Lächeln übrig, denn das Gegen-die-Wand-Schlagen des Balles finden Sie blöd, und außerdem weiß jeder, dass Squash außerordentlich gefährlich ist.

Wie es der Zufall will, ist Ihr Kollege Bennie aus der IT-Abteilung begeisterter Squash-Anhänger. Und in der Kantine kommt irgendwie das Gespräch auf dieses Thema. Zunächst schildern Sie die Vorzüge Ihrer Sportart, etwa das vergleichsweise sanfte Schlagen des Federballes, die Bewegung an der frischen Luft und so weiter.

In Ihrer Begeisterung merken Sie nicht, dass Bennie bereits mit den Augen rollt und sich an den Kopf fasst. Sie haben nur Augen für die, die Ihnen nickend zustimmen, und Sie sind sich sicher, dass die Mehrheit am Tisch Ihrer Meinung ist.

Plötzlich mischt sich Bennie in die Unterhaltung ein und erklärt Ihnen, dass er dieses »Alte-Leute«-Gehüpfe lächerlich finde und dass man diesen langweiligen Ballaustausch wahrlich nicht als Sport bezeichnen könne.

»Und überhaupt«, schließt er seinen Konter, »hätte ich nicht gedacht, dass du dich mit einem solchen Schwachsinn abgibst – aber das ist typisch Frau.«

Jetzt hat er das Wort an sich gerissen und fährt voller Vehemenz fort, Badminton lächerlich zu machen und ein Loblied auf Squash zu singen.

Das sind die typischen Verhaltensweisen von Menschen mit gegensätzlichen Meinungen. Um die eigene Meinung in den Vordergrund zu rücken, macht man die Meinung des Gesprächspartners schlecht, nach dem Motto: »Wenn ich dein Licht ausblase, leuchtet meines heller.«

Natürlich fühlen Sie sich jetzt herausgefordert, Badminton zu verteidigen, denn offensichtlich hat Bennie nicht nur Ihren Sport niedergemacht, sondern auch Sie persönlich.

Sie werfen Ihrem Kollegen an den Kopf, dass man ziemlich verbohrt sein müsse, um so einen »Gefängnis-Sport« gut zu finden, bei dem man sich in einem kleinen, stickigen Raum Bälle in rasender Geschwindigkeit um die Ohren jage.

»Wahrscheinlich hast du schon ein paar von den Geschossen abgekriegt«, sagen Sie in Ihrer Wut, »anders lässt sich der Schwachsinn, den du verzapfst, ja nicht erklären.« Und schon sind Sie im dicksten Streitgespräch.

Dies ist ein klassischer Fall von unfairer Dialektik. Keiner hört dem anderen richtig zu, sondern gerade so weit, dass er ein wenig »Futter« für seinen Gegenschlag bekommt. Keiner nimmt die Meinung des anderen ernst, nur die eigene gilt.

Und schon entsteht ein Schlagabtausch, sozusagen ein Pingpongspiel zwischen These und Antithese.

Das werden Sie sicher kennen. Und sicher hat es Sie schon oft geärgert, dass man in der Sache nicht weiterkommt sondern sich nur gegenseitig auszustechen versucht.

Sie sagen sich vielleicht: »Bei diesem Spiel muss ich ja nicht mitmachen; ich bleibe fair. Ich beleidige nicht, ich greife nicht zu ›Killerphrasen‹, mir geht es um Konsens.«

Eine gute Einstellung, nur wenn Ihr Gesprächsgegner nicht mitmacht, werden Sie trotzdem in die Pfanne gehauen und Ihr Ziel nicht erreichen. Denn mit einer Gesprächspartnerin, die auf Konsens bedacht ist, wird in Verhandlungssituationen meist »Schlitten gefahren«. Was also tun?

Schauen wir uns einmal die Spielregeln für faire Dialektik an:

1. Sei altrozentriert

Das bedeutet: *Stelle die Bedürfnisse deines Gesprächspartners vor deine eigenen Interessen, allerdings ohne dein Ziel aus den Augen zu verlieren.* Nach einem indianischen Sprichwort könnte man auch sagen: »Gehe eine Weile in den Mokassins deines Gesprächspartners.«

Der Sinn dieser Übung ist, sich in den anderen hineinzudenken. Seinen Standpunkt zu verstehen und zu begreifen, was er meint. Das verhindert das sofortige »Niedermachen« seines Standpunktes.

Es bedeutet auch, dass Sie sich schneller einem Konsens nähern können. Denn es ist nicht besonders lösungsorientiert, wenn die Gesprächssituation in *These* und *Antithese* verharrt – wichtig ist, die Verhandlung zu einer *Synthese* zu führen. Dann ist das Ergebnis tragfähig.

Bei den beiden Sportarten aus unserem Beispiel ist schon eine hohe Übereinstimmung dadurch vorhanden, dass beides mit Schlägern gespielt wird, dass bei beiden mit Bällen gespielt wird und dass man jeweils einen Partner braucht.

Richten Sie Ihre Konzentration darauf, was bereits an Gemeinsamkeiten vorhanden ist, also was die Gegner bereits miteinander verbindet.

Leider neigen wir häufig dazu, unsere Aufmerksamkeit auf das zu richten, was uns voneinander trennt, und nicht darauf, was uns miteinander verbindet.

Das kennen Sie sicher aus Ihrem Alltag. Streitgespräche laufen immer nach denselben Mustern ab: »Könntest du dir mal angewöhnen, dein Geschirr in die Spülmaschine zu stellen und nicht einfach nur obendrauf?«

Antwort: »Das bisschen stört doch nicht und außerdem gewöhn du dir erst einmal an, die Garagentür fest zuzumachen, bevor wir hier über das alberne Geschirr streiten. Das Auto ist ja wohl wichtiger…«

»Wir reden aber jetzt nicht übers Auto, sondern darüber, dass du das Geschirr immer rumstehen lässt und ich es dann einräumen muss.«

»Das bringt dich schon nicht um. Immerhin habe ich deine Hose aus der Reinigung mitgebracht, dafür kannst du ruhig mal das Geschirr wegräumen. Und nun hör auf, mich mit diesem Mist zu nerven.«

»Das ist kein Mist, es geht hier ums Prinzip!«

Und schon sind Sie im schönsten Streitgespräch, und jeder verteidigt nur seinen eigenen Standpunkt.

Spielen wir das Badminton/Squash-Beispiel einmal altrozentriert durch:

Sie sehen sich wieder in der Situation, in der Sie begeistert Ihren Sport schildern.

Bennie hört Ihnen dieses Mal interessiert zu, ohne höhnisch zu unterbrechen, und erweckt dadurch Ihre Aufmerksamkeit.

Sie wenden sich nicht nur denjenigen zu, von denen Sie Zustimmung erwarten können, sondern beziehen auch Ihren vermeintlichen Gegner mit ein.

Am Ende Ihrer Schilderung reagiert Bennie wie folgt: »Das ist wirklich ein Vorteil des Federballspiels, dass es ein sehr ausgeglichener Sport ist, der eher ruhige Bewegungen verlangt. Ich habe es auch immer gerne gespielt – sogar heute noch! Dann habe ich aber meine Liebe zu Squash entdeckt und finde inzwischen den Kick der Geschwindigkeit beim Squash besser. Hast du nicht mal Lust, Squash auszuprobieren? Ich spiele dann auch etwas langsamer.«

Wie hört sich diese Art der Gesprächsführung an? Ja, Sie fühlen sich ernst genommen. Bennie ist auf Sie und Badminton eingegangen und hat es nicht niedergemacht. Eigentlich hätten Sie direkt Lust, Squash tatsächlich einmal zu versuchen.

Jetzt sagen Sie vielleicht: »Gut und schön, aber was ist, wenn ich ihn auf meine Seite ziehen will und er reagiert unfair? Dann habe ich doch keine Chance.«

Spielen wir auch diese Situation durch: Sie sitzen in einer Verhandlung mit der kaufmännischen Abteilung. Ihr Anliegen ist, ein höheres Budget für Computerschulungen zu bekommen.

Sie stellen ein schlüssiges Konzept vor, indem Sie nachweisen, dass das neue Software-Programm nur von einigen wenigen bedient werden kann und dass dieses Spezialistentum dazu führt, dass die Arbeit oft liegen bleibt, weil die wenigen nicht mehr tun können, als sie bereits tun. Viele Kunden sind verärgert und die Reklamationen häufen sich. Sie sind durch die erhöhte Reklamationsrate diesem Manko auf die Spur gekommen.

Sie weisen nach, dass mehr entsprechend geschulte Mitarbeiter die Anforderungen Ihrer Abteilung sehr viel schneller erfüllen könnten, und bitten, den Etat aufzustocken.

Sie sehen schon das verächtliche Lächeln des kaufmännischen Leiters und als Sie geendet haben, sagt er erwartungsgemäß: »Nun, meine Liebe, lassen Sie mal die Kirche im Dorf, es wird schon alles nicht so heiß gegessen, wie es gekocht wird.« Beifälliges (fast schadenfrohes) Nicken bei all denen, die auch auf eine Erhöhung des Budgets verzichten mussten.

Es ist, als ob es sich hier um einen persönlichen Wettbewerb handeln würde, bei dem es objektive Sieger und Verlierer gibt. Sie würden am liebsten empört Ihre Meinung sagen.

Der kaufmännische Leiter fährt fort, seine großartige Finanzverwaltung darzustellen, wie sparsam er in den letzten Jahren gearbeitet und dadurch Arbeitsplätze gesichert habe, und wenn er nicht gewesen wäre...

Er muss sich ja nicht mit den unzufriedenen Kunden auseinander setzen. Früher hätten Sie ihm auch unmissverständlich gesagt, dass er durch sein selbstgefälliges Gerede lediglich die Firmenabläufe behindert.

Altrozentriert reagieren Sie folgendermaßen:

Sie bestätigen, dass es im Moment nötig ist, jeden Euro umzudrehen.

Es ist Ihnen bewusst, dass Arbeitsplätze gefährdet sind, und Sie erkennen das umsichtige Handling Ihres Kollegen an.

Sie äußern Verständnis dafür, dass es manchmal sehr schwierig für ihn ist zu entscheiden, wohin die Gelder fließen sollen, denn alle Anwesenden hier hätten auch wichtige Anliegen. Deshalb stehen Sie jetzt vor dem Problem, dass Sie die Kundenzufriedenheit gefährdet sehen und Ihnen als Rettung die Idee mit besser geschulten Mitarbeitern sehr sinnvoll erschien.

Jetzt fragen Sie sich vielleicht: »Warum soll ich ›schleimen‹, wenn es doch auf der Hand liegt, dass Kundenzufriedenheit Arbeitsplätze erhält?« Das ist Bewertung. Sobald Sie bewerten, halten Sie den anderen für inkompetent und ab sofort werden Sie ihn auch so behandeln. Sie nennen es Schleimen, fachsprachlich heißt es »altrozentriert agieren«.

Sie haben dem Kollegen signalisiert: »Ich kann Ihre Situation nachvollziehen. Ich verstehe die Schwierigkeit, zwischen den einzelnen Anträgen abzuwägen, und ich schätze Ihren Wunsch, alle gerecht zu behandeln.«

Hier sind Sie ein Stückchen in den Schuhen Ihres Gesprächspartners gegangen (um das Sprichwort wieder aufzugreifen). Und sehr häufig führt diese Haltung dazu, dass der andere nachgeben kann. Er muss sich und seine Idee nicht mehr länger verteidigen und kann sich auf die Argumente der Gegenseite einlassen.

So besteht die Chance, aus dem Dilemma der Interessen herauszukommen. So kann das Gespräch in die Synthese geführt werden, zum gemeinsamen Erkenntnisfortschritt.

Wir Frauen haben diese Art des fairen Miteinanders schon in die Wiege gelegt bekommen, haben sie uns aber irgendwann einmal abtrainiert, weil wir uns oft an die Wand gedrückt fühlten, ohne unserem Ziel näher zu kommen.

Wir dürfen dabei aber nicht vergessen, dass wir oft schon beim ersten »Nein« in die Knie gehen. Und daraus resultiert unser Gefühl der Ohnmacht.

Wenn Sie in der Verhandlungsliga erfolgreich mitspielen wollen, dann verwenden Sie diese diplomatische Methode, die Ihnen ein Werkzeug an die Hand gibt, mit dem Sie zu einem gemeinsamen Erkenntnisfortschritt gelangen und dadurch in der Sache weiterkommen. Die zweite Regel lautet:

2. Sprich Emotionalität an

Das bedeutet: *Du musst die Gefühlsebene deines Gesprächspartners erreichen, allerdings ohne seine rationale Kontrolle außer Kraft zu setzen.*

Hierzu fällt mir ein Beispiel ein, welches mir ein Seminarteilnehmer erzählte:

Es gibt wohl in Amerika eine Versicherung, die mit folgender Methode Kunden gewinnt: Sie schickt die Versicherungsvertreter von Haustür zu Haustür. Im Gepäck haben sie die Videoaufzeichnung eines schlimmen Verkehrsunfalls.

Sobald die Hausfrau die Tür öffnet, zeigt man ihr den Film und fragt sie dann: »Was würden Sie tun, wenn in diesem Auto Ihr Mann gesessen hätte?«

Die erschrockene Ehefrau ist davon überzeugt, dass sie nicht ausreichend abgesichert ist, und schon ist die Versicherung abgeschlossen!

Hier wird bewusst mit der Emotionalität gearbeitet, die die rationale Kontrolle außer Kraft setzt. Ein solches Vorgehen wäre in Deutschland wahrscheinlich nicht erlaubt, aber es ist sehr erfolgreich.

Emotionalisierung funktioniert auch im negativen Sinn, wenn etwa durch Beleidigungen oder bloßstellende Bemerkungen der Gesprächspartner aus dem Konzept gebracht wird, wie in folgendem Satz: »Bringen Sie erst einmal das Verhältnis mit Ihrer Sekretärin in Ordnung, dann können wir weiterreden.«

Da fällt dem Ertappten zunächst nichts Gescheites mehr ein, denn er ist blamiert. Er ist kaltgestellt und wird sich an der allgemeinen Diskussion vermutlich nicht mehr beteiligen. Ein gefährlicher oder lästiger Gegner ist ausgeschaltet.

Im positiven Sinne bedeutet die Regel *Sprich Emotionalität an*, dass Ihre eigene Überzeugungskraft für Sie spricht.

Wenn Sie von einer Sache begeistert sind, dann leuchten Ihre Augen, dann spiegelt sich in Ihren Gesichtszügen Entschlossenheit wider; Ihre ganze Körpersprache zeigt, wie sehr Sie von der Sache bewegt sind. Und mittels der 88 Prozent Überzeugungskraft auf der Beziehungsebene wird der Funke sicherlich auf Ihren Gesprächspartner überspringen. Er kann sich nicht entziehen, da er förmlich mitgerissen wird.

Allerdings muss Ihre Begeisterung durch einleuchtende Argumente unterstützt werden, sonst verpufft die Wirkung. Genauso erfolglos werden Sie sein, wenn Sie lediglich durch Argumente zu überzeugen versuchen. Wenn Sie Ihre Emotionen zurückhalten, um kühl und sachlich zu wirken. Das reißt niemanden vom Hocker.

Der Vorteil dieser Methode ist, dass man uns Frauen eher Gefühle zugesteht, daher wird es niemanden verwundern, wenn wir die Emotionalität ansprechen.

3. Beachte die vier kommunikativen Schichten des Gesprächspartners

a) Beziehungsebene (kontaktive Schicht):

Sollten Sie je mit Italienern geschäftlich zu tun haben, dann werden Sie merken, dass dort die meisten Geschäfte während des Essens abgeschlossen werden.

Zwei Stunden wird gegessen, davon nimmt ein intensives Gespräch über Gott und die Welt eine Stunde und fünfundvierzig Minuten in Anspruch. Die letzte Viertelstunde wird dann dazu genutzt, über das Geschäft zu sprechen.

Und wer mit Asiaten ins Geschäft kommen möchte, ist fast schon am Verzweifeln, denn irgendwann meint man die Hoffnung aufgeben zu müssen, dass es überhaupt je zu einem Abschluss kommt.

Was haben diese Abläufe gemeinsam? Sie haben den Zweck, Vertrauen aufzubauen, denn man will doch wissen, mit wem man es zu tun hat. Und das ist außerhalb des Bürogebäudes im neutralen Rahmen eines gemütlichen Lokals sehr gut möglich. Hier zeigt sich der potenzielle Geschäftspartner von seiner menschlichen Seite.

Wie stehen die Deutschen dazu? Sie verfahren nach dem Motto »Erst das Geschäft und dann das Vergnügen«. Sie schließen erst den Vertrag, dann geht es quasi zur Belohnung mit dem Geschäftspartner zum Essen. Zeit ist schließlich Geld, und so knapp geht es dann auch beim Verhandeln zu.

Viele Deutsche hassen es, Zeit zu verschwenden beim Smalltalk zum Einstieg. Sie fallen lieber mit der Tür ins Haus und wundern sich dann, wenn die einzelnen Verhandlungsschritte nicht tragfähig sind.

Sie kennen sicher Sätze wie: »Ich hatte den Auftrag schon fast in der Tasche, da kommt er plötzlich mit einem völlig neuen Argument daher und wir haben wieder bei null angefangen. Das hätte er auch gleich sagen können!«

Die Gefahr bei dem schnellen »Zur-Sache-Kommen« ist, dass wir uns nicht die Zeit lassen, den Menschen auf uns wirken zu lassen. Wir erfahren nichts über Vorlieben, Abneigungen, Lieblingsthemen, Tabuthemen etc.

Der Mensch hat in der Verhandlung keine Priorität – er ist lediglich Mittel zum Zweck, um die sachlichen Argumente einzubringen. Deshalb achten die Deutschen nicht so darauf, ob sie dem Gesprächspartner das notwendige Vertrauen entgegenbringen können. Ob er ein Partner ist, mit dem man Geschäfte abschließen kann, oder ob eher Schwierigkeiten zu erwarten sind, ob er an einem Konsens interessiert ist oder ob er stur ist.

Erst wenn »Störungen« auftauchen, wechseln wir von der Sachebene auf die Beziehungsebene, aber nur, weil uns nichts anderes übrig bleibt. Denn das wissen wir intuitiv, dass Störungen immer Vorrang haben. Werden diese übergangen, rücken mögliche Abschlüsse wieder in weite Ferne.

Was haben wir denn für Kennenlern-Rituale? Das Händeschütteln, die obligatorische Frage nach Wasser oder Kaffee, ein »Haben Sie uns gleich gefunden?«. Das war's dann. Aber das bisschen vermeintliche Zeitverschwendung zu Beginn einer Verhandlung kann Ihnen am Ende viel Zeit ersparen, da Sie nicht immer wieder von vorne anfangen müssen.

Lassen Sie sich also Zeit für das Erspüren des Zwischenmenschlichen. Bauen Sie eine Vertrauensbasis auf.

Betrachten Sie Smalltalk nicht als Zeitverschwendung, sondern als Einstieg zum »Beschnuppern«. Wenn Ihr Gespür Ihnen signalisiert, dass die Verständigungsbasis geschaffen ist, dann gehen Sie zum nächsten Schritt über.

b) Sachebene (informatorische Schicht)

Das ist die Phase, in welcher die Argumente ausgetauscht werden. Hier werden etwa Preise oder Materialien im Vordergrund stehen, hier werden Sie in der Sache weiterkommen. Allerdings nur solange die Beziehungsebene störungsfrei ist.

Sobald Zweifel aufkommen, muss wieder Raum geschaffen werden, um die Zweifel auszuräumen.

c) Selbstdarstellung

Angenommen, Sie arbeiten in einem Unternehmen mit viel persönlichem Kundenkontakt und Sie plädieren für die Einführung von Uniformen für die Mitarbeiter. Ihr Argument ist, dass es den Kunden dann leichter fällt, die Mitarbeiter als solche zu erkennen.

Ihr Vorschlag stößt auf heftigste Widerstände. Das wäre Gleichmacherei, die Individualität ginge dadurch verloren, die Farbe Rot würde nicht jedem stehen und überhaupt, wer sich denn schon wieder so einen Schwachsinn ausgedacht hätte – so oder ähnlich lauten die häufigsten Argumente.

Ihr Gesprächspartner ist ein betroffener Mitarbeiter. Er ist ziemlich empört, denn er findet, dass die Farbe Rot nichts für Männer ist, und ob man aus ihm einen Schwulen machen wolle. Er habe sich noch nie in eine Uniform zwängen lassen – schließlich hätte er aus dem Grund auch den Kriegsdienst verweigert, und damit finge er auch gar nicht erst an. Er findet es affig, sich zu verkleiden. Schließlich habe er in all den Jahren der Firma immer gute Dienste geleistet, und das auch ohne Uniform!

Sie hören aufmerksam zu, ohne viel zu äußern. Sie erlauben die Selbstdarstellung, was ein sehr wichtiger Aspekt ist im Hinblick auf Synthese bzw. auf dem Weg zum gemeinsamen Erkenntnisfortschritt.

Wenn Sie bis zum Ende zugehört haben, ist Ihr Gesprächspartner sicher bereit, auch Ihre Selbstdarstellung anzuhören.

Nachdem sich die erste Empörung gelegt hat, können Sie schildern, wie Sie sich das gedacht haben. Der Dampf ist raus und nun kann nach einer Lösung gesucht werden.

Ich möchte noch ein Beispiel dafür anführen, wie aggressiv eine übertriebene Selbstdarstellung machen kann:

Der Leiter der Marketing-Abteilung hat eine Sitzung einberufen, um mit seinem Team Ideen für eine neue Konzeption zu sammeln. Das Zeitlimit beträgt eine halbe Stunde.

Fünfundzwanzig Minuten der Zeit redet er, stellt seine Idee vor, zeigt schon einmal die Vorteile auf und lässt den anderen gönnerhaft noch fünf Minuten, um ihre Meinung zu äußern.

Diese Art von Selbstdarstellung erzeugt Widerstand, denn die Beteiligten merken sehr deutlich, dass sie zum Jasagen angetreten sind. Selbst wenn dies dem Selbstdarsteller gar nicht bewusst war.

Meist gehen Konzepte, die in dieser Form forciert wurden, in die Hose, denn der Oppositionsgeist der Kollegen verhindert die Umsetzung.

Angemessene Selbstdarstellung tut physisch und psychisch gut und sorgt für ein lösungsorientiertes Klima.

d) Versteckte Appelle

Sie laufen bei jedem Gespräch automatisch mit. Sie sind sozusagen stumme Aufforderungen, wie: »Bitte nimm meine Worte ernst«; »Mach es so, wie ich sage« oder Ähnliches. Das lässt sich gar nicht verhindern und ist auch in Ordnung so.

Sollten die versteckten Appelle im Widerspruch zu den inhaltlichen Aussagen stehen, sollte also wieder Inkongruenz entstehen, werden die Appelle eine größere Wirkung haben als das gesprochene Wort.

Unfaire dialektische Taktiken

Teilweise handelt es sich um eine Art Kampfdialektik, die von Männern ausschließlich gegenüber Frauen eingesetzt wird. Diese Taktiken sind nicht offensichtlich. Sie könnten als Höflichkeit gedeutet werden. Sie verstecken sich hinter kurzen, harmlos erscheinenden Sätzen oder Handlungen.

Es ist durchaus ein heikles Thema, denn nicht jeder freundliche und hilfsbereite Kollege ist ein potenzieller Angreifer. Dennoch sind es Methoden, die uns, wenn es darauf ankommt, ins Hintertreffen bringen.

Es geht hier darum, Ihnen die Gefahren aufzuzeigen, damit Sie die unfairen Methoden leichter durchschauen und erkennen. Gefahr erkannt – Gefahr gebannt.

Sie werden schnell bemerken, dass diese Taktiken sich alle ähneln. Wer sie anwendet, versucht mit dem gelungenen Gag Punkte bei den Anwesenden zu machen. Dass das auf Kosten des Gegners geht, liegt in der Natur der Sache.

Also sollten Sie das Spiel schnell durchschauen und sofort darauf reagieren.

1. Provokation

Sie erfolgt durch persönliche Angriffe oder Beleidigungen, wie etwa: »Reden Sie doch nicht so ein dummes Zeug«; »Wer hat Ihnen denn das eingeredet?«

Ziel: Diese Taktik soll Sie zu unbedachten Äußerungen provozieren und dadurch Ihre Glaubwürdigkeit herabsetzen. Sie wird ausschließlich vor Publikum angewendet, da sie dort wirkungsvoller ist.

Angenommen, Sie werden völlig überraschend und ohne erkennbaren Grund mit der Bemerkung konfrontiert: »Sie lassen wieder einmal erkennen, liebe Kollegin, dass Frauen zur Hysterie neigen – wir brauchen hier sachliche Argumente.«

Ihrem ersten Impuls folgend könnten Sie entgegnen: »Das ist ja wohl das Letzte. Sie sind doch jetzt unsachlich, nicht ich.«

»Sehen Sie«, sagt der Kollege triumphierend in die Runde, »wie ich gesagt habe: Frauen können nicht sachlich bleiben.«

Sie sind sprachlos vor Wut. Und genau das war das Ziel.

Merkmale:

- Sie werden unsachlich angegriffen durch Beleidigungen.
- Sie werden lächerlich gemacht durch Witze, die auf Ihre Kosten gehen.
- Man hängt Ihnen weibliche Attribute an, die in einen negativen Zusammenhang gestellt werden.

Lösungsidee:

Sie erkennen jetzt die Taktik und reagieren ruhig, indem Sie sie beim Namen nennen: »Aha, Sie wollen mich provozieren – daraus wird nichts, aber zurück zu meinem Argument. Ich bin der Meinung, dass...«

2. Überraschender Flirt

Sie kennen sich plötzlich überhaupt nicht mehr aus: Sie bekommen überraschend von einem bestimmten Kollegen (den Sie noch nie besonders gut leiden konnten) Komplimente für Ihre Kleidung oder über Ihre wunderbare Frisur. Er blickt Ihnen tief und lange in die Augen. Er reagiert vornehmlich auf Ihre weiblichen Attribute anstatt auf Ihre guten und sachlichen Argumente. Dies geschieht vor Publikum, weil das die Wirkung erhöht.

Ziel: Sie sollen in die Rolle der attraktiven, begehrenswerten Frau gedrängt werden, um dadurch von Ihrer Fachkompetenz abzulenken bzw. diese zu ignorieren.

Das überraschende Flirten soll Sie auch verlegen machen, sodass Ihnen zu Ihrem Thema nichts mehr einfällt.

Vielleicht genieren Sie sich auch vor den anderen oder sind stolz, endlich auch als weibliches Wesen wahrgenommen zu werden. Oder Sie fangen an zu rätseln: »Was ist denn heute mit Herrn Knurr los, er hat mich doch sonst nie beachtet? Im Gegenteil, er wirkte sonst eher muffelig und gleichgültig. Vielleicht habe ich ihm ja die ganze Zeit Unrecht getan und er ist in Wirklichkeit ganz anders...«

Während Sie all diesen Gedanken nachhängen oder in Gefühlen schwelgen, läuft die Konferenz ohne Sie weiter. Sehr subtil, oder?

Merkmale:

- Sie erhalten Komplimente für Kleidung und Frisur von jemandem, der Sie sonst nie beachtet hat.
- Man blickt Ihnen tief in die Augen.
- Es wird auffallend oft über Ihr Aussehen, Ihre Schönheit und Ihre Weiblichkeit gesprochen.

Lösungsidee:

Sie bedanken sich kurz und knapp für die »Freundlichkeit« und kehren dann sachlich zum Thema zurück – ohne sichtlich beeindruckt zu sein.

3. Ihre Fachkompetenz wird angezweifelt

Das geschieht, indem man Ihnen mangelnde Sachkunde vorwirft, oder wieder einmal keine Ahnung zu haben, da Sie noch nicht lange genug im Job sind. Ihnen fehle die Erfahrung. Sie seien völlig fehl am Platze.

Ziel: Sie vor den anderen unglaubwürdig zu machen.

Merkmale:
- Man wirft Ihnen vor, nicht genügend Erfahrung zu haben, um mitreden zu können.
- Man wirft Ihnen vor, zu jung zu sein.
- Man wirft Ihnen vor, zu alt zu sein.
- Man wirft Ihnen vor, dass Sie eine Frau sind.
- Man wirft Ihnen vor, schlimmer als ein Mann zu sein.
- Man wirft Ihnen vor, den falschen Job zu haben.

Lösungsidee:

Kehren Sie zurück zur Sachdiskussion: »Mir geht es um die besseren Argumente und nicht darum, wer die besseren Zertifikate hat.«

4. Verniedlichungen oder Diminutive (Verkleinerungen)

Sie hören mit großem Erstaunen, dass Ihnen in einer wichtigen Konferenz Kosenamen wie »Süße«, »Schätzchen«, »Herzchen«, »Mädel« oder Ähnliches verliehen werden.

»Ich begrüße Sie, Herr Knall, Herr Knoll, Herr Knull, und natürlich auch Sie, meine Liebe.« Oder Sie werden (im Gegensatz zu den anwesenden Herren) lediglich mit Vornamen statt mit Ihrem Nachnamen oder Titel angeredet. »Bitte, liebe Vera, könnten Sie mir die Mappe reichen? Vielen Dank, sehr freundlich, meine Liebe.«

Ziel: Man möchte Sie sozusagen verschwinden lassen, Sie praktisch namenlos machen, Sie im Rang erniedrigen oder Sie in die Rolle des »kleinen Mädchens« drängen, statt Sie als Fachkollegin zu akzeptieren.

Merkmale:

- Sie werden mit Kosenamen angeredet wie: »Herzchen«, »Schätzchen«, »Mädel«, »meine Liebe«, »Süße«, »Kleine«.
- Alle männlichen Anwesenden werden mit Nachnamen und Titeln angesprochen. Nur Sie werden mit Ihrem Vornamen angeredet, Ihr Nachname verschwindet und damit ein Teil Ihrer Identität.

Lösungsidee:

Sie stellen sich selbst noch einmal vor. Sie sagen: »Auch ich begrüße alle Anwesenden – ich bin Vera Schöner.« Und sagen Sie nicht: »Das geht doch nicht!« Selbstverständlich geht das.

5. Wünsche werden als Tatsachen dargestellt

Meistens geht einem sehr schwachen Argument ein aufgeblähter Einführungssatz voraus wie: »Es bedarf doch wohl keiner weiteren Diskussion mehr, dass diese Software die beste für unser Unternehmen ist.«

Ziel: Aus einer schwachen Position heraus soll dem Thema mehr Gewicht verliehen werden.

Merkmale:

Einführungssätze wie

- »Der Fall liegt doch ganz klar...«
- »Es besteht doch kein Zweifel, dass...«
- »Wir können mit Sicherheit davon ausgehen, dass...«

Lösungsidee:

Fragen Sie, auf welche Informationsquelle sich das Argument stützt. Lassen Sie sich den Standpunkt begründen.

Machen Sie einen allgemeinen Grundsatz daraus, indem Sie sagen: »Wer behauptet, ist immer beweispflichtig.« Fordern Sie diese Beweise, denn dadurch entlarven Sie die schwache Position des Gesprächspartners.

6. Übertriebene Hilfsbereitschaft

Kaum stehen Sie in der Tür, stürzt bereits Ihr besonderer »Lieblingskollege« auf Sie zu, um Ihnen – vermeintlich galant – den Aktenkoffer abzunehmen.

Sie sind so überrascht, dass Sie es geschehen lassen. Ein anderer bringt sich fast um, damit er Sie zu Ihrem Platz begleiten kann, er fasst Sie am Ellenbogen, er rückt Ihnen den Stuhl zurecht und ist Ihnen dann auch noch behilflich beim Hinsetzen.

Sie kommen sich so vor, als ob Sie es plötzlich nur noch durch die Hilfe Ihrer Kollegen überhaupt bis zu Ihrem Platz schaffen. Sie brauchen diese Hilfeleistung überhaupt nicht. Sie empfinden sie als übertrieben, unehrlich und peinlich. Die Atmosphäre ist Ihnen unangenehm.

Ziel: Sie sollen vor dem Rest der Anwesenden den Anschein von Hilfsbedürftigkeit erwecken. Selbstverständlich bekommen Sie dann Unterstützung von Kollegenseite, die Sie angeblich dringend brauchen – verbrämt in Galanterie. Dadurch soll Ihre Kompetenz hinter Ihrer vermeintlichen Hilflosigkeit verschwinden.

Merkmale:

- Sie werden so behandelt, als ob Sie kurz vorm Siechtum stünden.
- Sie werden in eine »Weibchenrolle« gedrängt.
- Sie spüren die Häme der Kollegen: »Sie kommt ohne Hilfe nicht aus – man kann sie nicht ernst nehmen.«

Lösungsidee:

> Sie lassen sich die Tasche tragen und zum Platz führen, Sie lassen sich lässig den Stuhl zurechtrücken. Sie bedanken sich und erkundigen sich dann freundlich bei dem galantesten der Kollegen, ob er als Butler noch zu haben sei.

7. Fakten werden abgestritten

»Was Sie da sagen, stimmt überhaupt nicht«, wird Ihnen entgegengeschleudert. Unabhängig davon, was Sie sagen, wird Ihnen lautstark vorgeworfen, dass Sie quasi eine Lügnerin seien.

Ziel: Diese Taktik soll Ihre Glaubwürdigkeit schmälern und soll Sie zu unbedachten Äußerungen provozieren.

Merkmale:

- »Da sind Sie falsch informiert.«
- »Das stimmt doch gar nicht.«
- »Sie sollten sich in Zukunft besser informieren.«

Lösungsidee:

> Sie bereiten sich intensiv vor. Sie sind sich Ihrer Sache ganz sicher und lassen sich durch die unsachlichen Einwände nicht aus dem Konzept bringen. Sie wiederholen ruhig und gelassen Ihre Argumente. Nennen Sie die Taktik beim Namen: »Hören Sie auf, Tatsachen zu bestreiten, das bringt uns in der Sache nicht weiter.«

8. Schubladen-Denken

Immer wieder höre ich in meinen Seminaren folgendes Beispiel: Ihr Kollege hat in einer Konferenz Ihre Idee als seine ausgegeben. Er hatte deshalb Kenntnis davon, weil Sie einige Abschnitte mit ihm besprochen hatten. Sie standen nun ohne

Konzept da und fühlten sich entsetzlich blamiert. Das Projekt drohte zu kippen.

Die Krönung des Ganzen: Als Sie Ihren Kollegen nach der Konferenz wütend zur Rede stellten, hörten Sie im Hinausgehen, wie er zu Ihrem Chef sagte: »Die darf man heute nicht ganz ernst nehmen, die hat ihre Tage.«

Ziel: Frauen sollen in eine passende Schublade gesteckt werden. Klischees sind sehr bequem für den Angreifer.

Aus dem Klischeefundus kann sich jeder jederzeit bedienen: »Obwohl sie braune Haare hat, benimmt sie sich wie eine Blondine«; »Dass Frauen immer so unsachlich werden, typisch.«

Wir ärgern uns zu Recht über dieses Schubladen-Denken.

Merkmale:
Klischees werden strapaziert, wie etwa:
- Blondinen sind sexy und dumm.
- Rothaarige sind temperamentvoll.
- Frauen sind nicht zu ertragen, wenn sie ihre Tage haben.
- Frauen sind zu emotional.
- Frauen können nicht logisch denken.

Lösungsidee:

Wenn Sie verärgert reagieren, bedienen Sie genau das Klischee, das Ihnen angeheftet wurde. Lassen Sie es daher unkommentiert im Raum stehen. Ihre Zurechtweisung kommt dennoch an, auch wenn sie mit dummen Bemerkungen beantwortet wurde.
Ignorieren Sie die Klischees einfach.

9. Übertreibungen

»So, so, Sie wollen die eierlegende Wollmilchsau, ha, ha.« Ja, es gibt wirklich heitere Kollegen in den Unternehmen.

Ziel: Man will Sie lächerlich machen, Ihre Glaubwürdigkeit (vor Publikum) schmälern. Solange sich die anderen Konferenzteilnehmer noch kugeln vor Lachen, suchen Sie krampfhaft nach einer guten Antwort und sind erst mal kaltgestellt.

Merkmale:
Es fallen Sätze, die sinngemäß besagen:

- »Sie kriegen den Hals wohl nie voll, oder?«
- »Ein bisschen unrealistisch sind Sie aber schon.«

Lösungsidee:

Nennen Sie diese Taktik kühl beim Namen: »Bitte keine Übertreibung.« Gehen Sie wieder zur Tagesordnung über.

10. Niedere Dienste

Sie sind die einzige Frau in einer Besprechung, aber als gleichwertige Verhandlungspartnerin. Einer der Anwesenden (der einzige Ranghöhere) bittet Sie, Kaffee zu besorgen. (Das Gleiche gilt für Mittagessen bestellen oder Tickets reservieren etc.)

Sie wissen, wenn Sie jetzt den Raum verlassen, um der Bitte nachzukommen, können Sie Ihre Ideen nicht präsentieren und damit würde Ihre wichtige Arbeit völlig von der Tagesordnung verschwinden. Und Sie verlieren den Anschluss, da die Gespräche in Ihrer Abwesenheit weitergehen.

Die Zwickmühle: Wenn Sie sich weigern, Kaffee zu holen, kann das auf die anderen Konferenzteilnehmer leicht »zickig« wirken. Sie rollen vielleicht mit den Augen und werfen sich vielsagende Blicke zu, und schon haben Sie mehr an Status verloren, als wenn Sie Kaffee geholt hätten.

Auch hier wird ein Klischee bedient, nämlich: Frauen kümmern sich um die Versorgung, Männer um die Geschäfte.

Ziel: Hier handelt es sich um eine Machtdemonstration: Der Mann hat das Sagen, die Frau ist Bedienstete und hat zu spuren.

Merkmale:

- Sie werden gebeten, etwas zu besorgen, und müssen deshalb den Raum verlassen.
- Sie werden gebeten, das Mittagessen zu organisieren, damit dadurch »bewiesen« ist, dass Männer verhandeln und Frauen »dienen«.
- Sie werden gebeten, Kaffee zu holen, damit Sie einen emanzipatorischen Anfall bekommen und sich lächerlich machen. Das schadet Ihrem Ansehen und Sie verlieren an Glaubwürdigkeit. Schon sind Sie keine ernst zu nehmende Gesprächspartnerin mehr.

Lösung:

Falls Sie den Kaffee holen, machen Sie lautes Getöse, damit die restlichen Gesprächspartner beim Weiterverhandeln gestört werden.
Entweder Sie gehen zum Telefon und bitten lautstark die Sekretärin, Kaffee zu bringen oder einen Tisch zu reservieren. Oder Sie öffnen die Tür und rufen laut Ihre Wünsche ins Vorzimmer.
Wenn möglich delegieren Sie den Wunsch nach Kaffee an einen Kollegen weiter, welcher Ihnen gleichgestellt ist und sich gut mit den Kolleginnen versteht.

11. Vermeintlicher Wankelmut

»Ach, wie kommt es denn plötzlich zu diesem Sinneswandel?«; »Gestern haben wir von Ihnen noch etwas ganz anderes gehört.« Solche oder ähnliche Sätze könnten Sie zu hören bekommen.

Ziel: Sie sollen als unglaubwürdig und wankelmütig hingestellt werden.

Man will demonstrieren, dass man Sie nicht für eine sehr beständige Diskussionspartnerin hält.

Merkmale:
Alle Bemerkungen zielen in dieselbe Richtung:

- »Gestern klang das noch ganz anders.«
- »Heute so – morgen so, was?«
- »Das ist ja ganz neu – bis vor kurzem klangen Sie noch ganz anders.«

Lösungsidee:

Weisen Sie darauf hin, dass es *Ihnen* nicht an Lernfähigkeit mangelt und schauen Sie bedeutungsvoll in die Runde oder auf einen bestimmten Kollegen.
Oder Sie antworten ruhig und sachlich: »Es sind seit dem letzten Gespräch neue Aspekte hinzugekommen, die ich jetzt mit einkalkuliert habe.«
Fahren Sie einfach fort, Ihre Meinung darzulegen.

12. Herablassende Bemerkungen

Eine Bemerkung wie: »Nicht schlecht für eine Frau« muss nicht unbedingt so herablassend gemeint sein, wie sie bei Ihnen ankommt.

Möglicherweise sehen Männer manchmal gar nicht, welche Brisanz in einem solchen Spruch liegt. Oder es ist ein ganz normaler Bestandteil einer Spielregel.

- Da sich Männer in Konferenzen oder bei Verhandlungen wie auf einem Spielfeld fühlen, werden sie sich auch so verhalten. Da können plötzlich Kollegen zu Gegnern werden, obwohl sie sich sonst gut verstehen. Hier geht es um Spiel, Satz und Sieg.

Ziel: Falls solche Bemerkungen bewusst eingesetzt werden, sollen sie Sie aus dem Konzept bringen und Sie dazu veranlassen, sich zu verteidigen.

Merkmale:

- »Solche Zusammenhänge verstehen Sie nicht.«
- »Was machen *Sie* in *dieser* Konferenz?«
- »Das können Sie als Frau doch gar nicht beurteilen.«

Lösungsidee:

Lassen Sie die Bemerkung im Raum stehen. Sie müssen sie ja nicht annehmen, auch wenn sie an Sie gerichtet war. Sollte Ihr Schweigen Sie jedoch belasten, dann machen Sie darauf aufmerksam, dass es Ihnen um die Sache geht und nicht um Sandkastenspielchen.

13. »Ja, aber«-Taktik

Hier wissen Sie schon am Anfang des Satzes, dass in der Mitte ein »aber« zu hören sein wird: »Ich finde Ihre Idee grundsätzlich einleuchtend, *aber* in diesem speziellen Falle sollte man doch...« »Essen gehen ist ja ganz schön, *aber* erst sollten wir hier mal etwas leisten. Erst die Arbeit, dann das Vergnügen.«

Ziel: Man stimmt Ihnen vermeintlich zu, kehrt dann aber doch zur eigenen Meinung zurück. Sie sollen sich mit der Quasi-Zustimmung gut fühlen, und solange Sie sich noch in diesem »Sieg« sonnen, ist Ihre Meinung verschwunden.

Lösungsidee:

Machen Sie auf den Widerspruch aufmerksam: »In der ersten Hälfte des Satzes sind Sie dafür, lieber Kollege, in der zweiten Hälfte dagegen. Was ist denn jetzt wirklich Ihre Meinung?«

14. Schlüpfrige Witze

Das Erzählen schlüpfriger Witze ist eine beliebte Taktik, um uns Frauen aus dem Konzept zu bringen. »Kennst du den schon? Kommt eine Frau zum Frauenarzt...« Und schon schütten sich die Kollegen aus vor Lachen, obwohl der eigentliche Witz noch gar nicht erzählt ist.

Auch anzügliche Bemerkungen gehören in diesen Bereich, etwa wenn ein Kollege mit Blick auf Ihren Pullover äußert: »Heute haben Ihre Höcker aber eine schöne Farbe.« Der Kollege weidet sich daran, wie Sie sich vor Verlegenheit winden und vielleicht erröten. Damit hätte er sein Ziel, Sie aus dem Konzept zu bringen, erreicht.

Ziel: Man will Sie bloßstellen, Sie dazu bringen, dass Sie sich genieren, damit Sie als kompetente Gesprächspartnerin nicht in Frage kommen. Es kann aber auch sein, dass die Sprüche und Witze ohne Hintergedanken geäußert werden und gar nicht gegen Sie persönlich gerichtet sind. Dass die Männer in dem Moment einfach nicht daran gedacht haben, dass Sie auch anwesend sind. Es kann sogar ein Zeichen dafür sein, dass Sie vollkommen akzeptiert sind und wie alle anderen behandelt werden.

Merkmale:

- Schlüpfrige Bemerkungen, die sich auf Frauen beziehen. Witze, die ausschließlich Frauenthemen behandeln.
- Anzügliche Bemerkungen in Bezug auf Ihr Aussehen und Ihre Kleidung.

Lösungsidee:

> Ignorieren Sie eine schlüpfrige Bemerkung einfach, wenn Sie sie persönlich betrifft.
> Sie schauen den Kollegen an, kühl, und gehen danach zur Tagesordnung über. Sie schweigen ihn nieder.

Sollten allgemein dumme Witze über Frauenthemen gerissen werden, dann sollten Sie nicht mitlachen, wenn sie nicht *wirklich* lustig sind. Wir müssen ja nicht auf Kosten unserer eigenen Spezies lachen, nur weil wir den Eindruck haben, dass das von uns erwartet wird.
Es ist möglich, dass man Ihnen dann nachsagt, humorlos und zickig zu sein, aber damit können Sie sicher gut leben.

15. Eindruck schinden durch Statussymbole und langjährige Erfahrung

»Wenn ich damals nicht im entscheidenden Moment den Telefonhörer in die Hand genommen hätte, um den Kunden wieder umzustimmen, dann hätten wir heute alle nichts mehr zu lachen.«

Mit Sätzen wie diesem will ein Kollege signalisieren, wie unentbehrlich er doch für die Firma ist. Und mit einer Rolex oder einem besonders großen Schreibtisch etwa möchte er seinen Status untermauern.

Ziel: Der Kollege möchte anerkannt und respektiert, wenn nicht sogar verehrt werden.

Merkmale:

- »Sie können mir ruhig glauben, ich bin schon jahrelang hier tätig.«
- »Ich habe beste Beziehungen zum Bürgermeister.«
- »Der Redakteur dieser Zeitung frisst mir sozusagen aus der Hand.«

Lösungsidee:

Machen Sie ein paar freundliche Bemerkungen der Anerkennung. Sollte er allerdings zu stark auf den Putz hauen, dann darf Ihre Reaktion ruhig ein klein wenig ironisch sein: »Wir wüssten gar nicht, was wir ohne Sie täten.«

16. Unangemessene persönliche Fragen

In einer Konferenzpause üben Sie sich in der Kunst des Smalltalks.

Ein Kollege aus einer anderen Geschäftsstelle – nicht ganz unbedeutend in der Hierarchie – plaudert vermeintlich harmlos mit Ihnen. Sie wissen, dass eine gute Atmosphäre eine wesentliche Voraussetzung für einen Konsens ist. Deshalb lassen Sie sich auf ein paar unverbindliche persönliche Fragen ein.

Plötzlich gipfelt die Unterhaltung in Fragen wie: »Leben Sie allein?«; »Was haben Sie für einen Abschluss?« und Ähnlichem.

Ziel: Sie sollen vom eigentlichen Thema abgelenkt werden. Man will Sie durch Fragen in die Ecke drängen, sodass Sie sich aufgerufen fühlen, Erklärungen abzugeben, die niemanden etwas angehen.

Merkmale:

- »Sind Sie verheiratet?«
- »Wie lange machen Sie den Job hier schon?«
- »Wie alt sind Sie eigentlich?«

Lösungsidee:

> Überhören Sie die Fragen einfach und stellen Sie Ihrerseits eine Frage zu einem anderen Thema, wie: »Wie hoch ist denn der Frauenanteil in Ihrer Geschäftsstelle?«

17. Wutausbrüche

Männer wissen ganz genau, dass Frauen bei Gebrüll gern beschwichtigen, dass sie für ein gutes Gesprächsklima sorgen wollen.

Wenn Männer also etwas durchsetzen wollen, von dem sie nicht unbedingt glauben, dass es ihnen gelingt, dann provozieren sie einen Streit, um herumbrüllen zu können. Danach verlassen sie türenknallend den Raum und lassen uns mit dem Schuldgefühl zurück, etwas falsch gemacht zu haben.

Und wir Frauen tun alles, um den Frieden wiederherzustellen. Die Rechnung geht auf!

Ziel: Hierbei soll an das unbewusste Harmoniebedürfnis von uns Frauen appelliert werden. Wir sollen eingeschüchtert und verunsichert werden.

Merkmale:

- Der Kollege schreit oder brüllt.
- Der Kollege bekommt einen Wutausbruch.
- Der Kollege knallt die Türen zu.

Lösungsidee:

Lassen Sie sich davon nicht beeindrucken. Denken Sie daran, wie Kinder sich verhalten, wenn sie etwas wollen und es nicht bekommen: Sie fangen an zu schreien. Geben die Eltern nach, werden die Kinder immer wieder dieselbe, gut funktionierende Strategie anwenden. Männer verfahren ähnlich.

Wenn Sie also einmal nachgegeben haben, werden Sie Gebrüll immer öfter als Strategie erleben. Ihr Kontrahent kann ja davon ausgehen, dass er damit einen Ihrer Schwachpunkte gefunden hat.

Führen durch souveränes Kontern

Der Mensch hasst es, sprachlos dazustehen und sich hilflos zu fühlen.

Stellen Sie sich vor, Sie sind auf dem Weg zum Besprechungsraum und ihr »Lieblingskollege« kommt Ihnen entgegen und schmettert Ihnen schon von weitem die Frage entgegen: »Sag mal, bist du dicker geworden, oder sitzt der Rock einfach nicht?«

In solchen Momenten möchte man die schlagfertigste Antwort der Welt parat haben. Aber Sie sind so im Stress, dass Sie sich wahrscheinlich im Moment noch nicht einmal daran erinnern, wie Sie heißen. Aber eine passende Antwort, die hätten Sie jetzt gern. Nur leider fällt Ihnen gerade überhaupt keine ein.

Was passiert mit uns, wenn wir uns angegriffen fühlen? Das Herz schlägt schneller, Hals und Gesicht erröten, die Hände werden feucht.

Erst wenn diese Symptome verschwunden sind, können Sie reagieren. Das macht Sie noch wütender. Sie können sich zwar vornehmen, ein paar passende Antworten auswendig zu lernen, um für den Ernstfall gerüstet zu sein. Das funktioniert aber nur dann, wenn erstens die Antworten zu Ihnen passen und wenn sie zweitens kraftvoll formuliert werden.

Der beste Konter nützt Ihnen nichts, wenn Sie vor sich hin flüstern. Sie stehen nach einer schlagfertigen Antwort im Mittelpunkt, das muss Ihnen klar sein. Wenn Sie ein eher schüchterner Mensch sind, dann fällt es Ihnen sowieso nicht leicht, im Zentrum des Interesses zu stehen. Also, üben, üben, üben.

Beginnen Sie mit einer Art mentalem Training. Sie begeben sich gedanklich in eine Situation, in welcher Sie sich besonders hilflos gefühlt haben und spielen Sie innerlich noch einmal durch. Jetzt halten Sie an der Stelle an, an der Sie gerne gekontert hätten und bauen eine (vorher zurechtgelegte) Antwort in Ihr Gedankenspiel ein.

Diese erdachte Situation genießen Sie voll und ganz. Fühlen Sie, wie Sie sich freuen, dem Gegner etwas entgegengeschleudert zu haben; beobachten Sie innerlich, wie sprachlos er war, und freuen Sie sich darüber, im Mittelpunkt gestanden zu haben.

Wenn Sie solche Gedankenspiele öfter machen, werden Sie merken, dass es Ihnen auch im wirklichen Leben immer leichter fallen wird, sich einer solchen Situation zu stellen. Es kann sogar Freude machen.

Als nächstes fragen Sie sich, welche von den Frechheiten, die Sie erlebt haben, besonders intelligent war. Sie werden feststellen: keine.

Nun überlegen Sie sich, ob Sie nicht noch Verhaltensweisen eines typischen Opfers mit sich herumschleppen, die es endlich über Bord zu werfen gilt. Ab sofort werden Sie

- mit lauter, kraftvoller Stimme sprechen
- Blickkontakt mit dem Angreifer suchen und halten
- Ihr schüchternes, versöhnliches Lächeln verschwinden lassen
- fest auftreten
- eine gerade Haltung einnehmen.

So, und wenn Sie das alles im Vorfeld ausprobiert und geübt haben – vielleicht bei harmlosen Anlässen, wo es nicht so darauf ankommt – , dann sind Sie für den Ernstfall gerüstet. Uns Frauen fehlt es nämlich nicht an Fantasie, sondern vielmehr an Mut.

Hier ein paar Übungstipps:

1. Zwei kurze Wörter

Angenommen, Sie werden bei Ihrer Präsentation von einem Kollegen mit den Worten begrüßt: »Hoffentlich hast du diesmal was Neues auf der Pfanne, ich habe keine Lust, mich schon wieder zu langweilen.«

Geben Sie einfach eine kurze Antwort, etwa: »So, so« oder »Ach was«. Sagen Sie irgendetwas, was Ihre Fantasie hergibt. Mehr zu antworten ist nicht notwendig.

Sie haben Ihre Absicht, etwas zu entgegnen, ausgeführt und damit Ihr Soll erfüllt.

2. Verzicht auf Logik und Vernunft

Man wirft Ihnen vor: »Sie haben Ihren Kopf wohl auch nur zum Schminken.« Sie antworten: »In allen vier Ecken muss Liebe stecken.« Oder: »Steht im Winter noch das Korn, ist es vergessen worn.«

Es kommt hier darauf an, überhaupt nicht auf den Angriff einzugehen, sondern mit einem beliebigen Sprichwort zu parieren. Oder mit einem Spruch, der Ihnen gerade einfällt.

Der Kollege rechnet mit allem, nur nicht damit, dass Sie entscheiden, wie die Unterhaltung weitergeht. Wenn er jetzt völlig verständnislos stottert: »Hä?«, dann antworten Sie freundlich: »Denken Sie mal drüber nach, dann kommen Sie auch noch dahinter.«

3. Kontern durch Nachfragen

Ein Kollege mäkelt: »Dein Konzept ist langweilig und völlig unspektakulär.« Sie antworten: »Was verstehst du denn unter unspektakulär?«

Mit der konkreten Rückfrage zwingen Sie den Gegner, sich klar auszudrücken. Sollte er nur eine ungeschickte Formulierung gewählt haben, kann er sich jetzt wieder auf die sachliche Ebene zurückbegeben.

Falls es ein Angriff sein sollte, haben Sie ihn durch Ihren geschickten Konter ebenfalls auf die sachliche Ebene gebracht. Nun ist Ihr Gegner aufgerufen, sich etwas einfallen zu lassen, und nicht Sie. Auch der Satz »Da brauche ich noch mehr Details« spielt den Ball zurück.

4. Zustimmung
»Frauen sind überhaupt nicht in der Lage, Dinge zu Ende zu denken.« Ihre Antwort: »Wenn Sie meinen...« oder: »Wenn es Ihnen dann besser geht, gebe ich Ihnen Recht.« Damit beenden Sie das Thema. Sie dürfen dabei ruhig ein etwas überhebliches Gesicht machen.

5. Das außergewöhnliche Kompliment
»Frauen und Technik, da treffen Welten aufeinander.« Sie entgegnen ironisch: »Wie schön du die Worte aneinander reihen kannst.« Oder: »Wie schön du formulieren kannst.« Je ironischer Sie reagieren, desto besser.

6. Sachlich neutral
Ein Kunde meckert: »Sie machen wohl Witze.« Sie antworten: »Sie sind also anderer Ansicht.« Wenn Ihr Chef Sie tadelt: »Ich hätte mehr von Ihnen erwartet«, dann antworten Sie: »Sie sind also nicht zufrieden.«

Mit Ihren Antworten heben Sie die Kritik auf eine neutrale Ebene. Diese Vorgehensweise empfiehlt sich bei Kunden und Vorgesetzten.

7. Bedauern
»Sie haben wohl den Anschluss verpasst.« Ihre bedauernde Antwort: »Es tut mir Leid, dass Sie das so sehen.«

Und die Bemerkung »Ihr Konzept lässt stark zu wünschen übrig« kontern Sie mit den Worten: »Ich bedaure, dass Sie das so sehen, denn...«

Hier ist Ihre Absicht, sich auf keinen Fall auf eine Diskussion einzulassen, die Kritik aber auch nicht widerspruchslos hinzunehmen.

Führen durch Rückkehrgespräche

Wir haben bisher einige Male erwähnt, dass ein offenes Betriebsklima Ängste beseitigen kann und damit eine höhere Eigenmotivation der Mitarbeiter erzielt wird.

Wie wäre es, wenn Sie nun die Chance ergreifen und die ohnehin anstehenden Veränderungen (bedingt durch Ihre neue Rolle als Chefin) um das Rückkehrgespräch erweitern?

Das bedeutet, Sie führen ein Gespräch unter vier Augen mit jedem Ihrer Mitarbeiter, der nach einer Krankheit wieder ins Unternehmen zurückkehrt. Dass Sie mit *jedem* Mitarbeiter sprechen, ist wichtig, denn dann wird leichter akzeptiert, dass es eine Regel ist und nicht nur eine Ausnahme bei besonderen Krankheiten oder bestimmten Kollegen.

Was ist das Ziel von Rückkehrgesprächen? Der Mitarbeiter soll wissen, dass er vermisst wurde und wie wichtig seine Anwesenheit am Arbeitsplatz ist. Und dass Sie – die Chefin – sich freuen, ihn wieder im Team zu haben.

Außerdem kann es ja sein, dass noch gesundheitliche Einschränkungen des Genesenen Rücksichtnahme seitens der Kollegen oder der Betriebsleitung erfordern, die vor der Krankheit nicht nötig war.

Je nachdem, wie das Gespräch verläuft, erfahren Sie auch, ob im Unternehmen negative Bedingungen herrschen, die eventuell zur Erkrankung des Mitarbeiters beigetragen haben könnten, wie beispielsweise Mobbing.

Beginnen Sie das Rückkehrgespräch mit einer freundlichen Begrüßung, bei der auch *nonverbal* erkennbar ist, dass Sie sich wirklich freuen. Sie könnten zum Beispiel fragen: »Wie geht's, ist alles wieder in Ordnung? Haben Sie noch gesundheitliche Einschränkungen?«

Auch wenn Sie der Ansicht sind, dass in diesem Fall nicht Viren die Ursache für die Krankheit sind: Achten Sie darauf, dass sich nicht Bewertungen ins Gespräch einschleichen, die Rückschlüsse zulassen, dass Sie im Innersten der Meinung sind, hier habe jemand krankgefeiert.

Auch sollten Sie die Diagnose des Arztes nicht anzweifeln und keine Vermutungen oder Unterstellungen über die Hintergründe der Krankheit äußern!

Wichtig ist auch, dass das Gespräch in einer entspannten Atmosphäre stattfindet, denn nur dann erfahren Sie die Hintergründe, wie eventuell schwierige familiäre Verhältnisse, schlechte Luft am Arbeitsplatz, zu hohe Lärmbelastung oder Ähnliches.

Ist das Gesprächsklima gut, dann können Sie die Gelegenheit nutzen, Ihre eigenen Beobachtungen zu äußern; wie Sie beispielsweise die Zusammenarbeit im Team sehen oder wie die Bewältigung der Arbeitsaufgabe auf Sie wirkt. Oder Sie sprechen über Ihre Eindrücke bei dem Umgang mit Kollegen.

Hier kann sich ein Dialog entwickeln, der mit weiterführenden Fragen sogar zu Lösungsansätzen führen kann und dem Kollegen eventuell die Freude an der Arbeit wiederbringt.

Es könnten etwa Vereinbarungen getroffen werden über
- → veränderte Arbeitsbedingungen
- → individuelle Arbeitszeiten
- → Weiterbildung
- → Arbeitssicherheit
- → eine neue Aufgabenstellung.

Aber Vorsicht: Andere Mitarbeiter könnten sich auf Grund dieser besonderen Beachtung des Kollegen benachteiligt fühlen. Dies können Sie vermeiden, wenn Sie die Gründe für die Maßnahme offen darlegen.

Bitte achten Sie auch darauf, dass diese Gesprächsergebnisse auch mit gesunden Mitarbeitern erzielt werden. Nicht dass sich bei Ihrer Crew die Annahme einschleicht, erst einmal erkranken zu müssen, um die Chance für eine gewünschte Veränderung zu bekommen.

So bereiten Sie ein erfolgreiches Rückkehrgespräch vor:
1. Notieren Sie sich alles, was Sie in diesem Gespräch ansprechen wollen. Achten Sie auf »charakterliche« Besonderheiten.
2. Laden Sie den Mitarbeiter möglichst am Tag seiner Rückkehr zu diesem Gespräch ein. Empfangen Sie ihn herzlich an seinem Arbeitsplatz und machen Sie mit ihm einen Termin aus.
3. Reservieren Sie sich genügend Zeit, auch wenn das Gespräch dann nur fünf Minuten dauert.
4. Schaffen Sie eine entspannte, störungsfreie Atmosphäre.
5. Achten Sie auf das Bedürfnis des Mitarbeiters zur Selbstdarstellung. Erbitten Sie sogar seine Darstellung. Bleiben Sie auch bei unterschiedlichen Sichtweisen ruhig und maßvoll.
6. Behalten Sie Ihr Gesprächsziel im Auge: Reduzieren der Fehlzeiten.
7. Schaffen Sie einen positiven Gesprächsausklang.

Denken Sie immer daran: Die Gefühle Ihrer Mitarbeiter sind Fakten, die Sie berücksichtigen müssen.

Anhang

Test:
Sind Sie eine perfekte Vorgesetzte?

Prüfen Sie mit folgendem Test, wie Sie an Führungsaufgaben herangehen.

Wenn Sie sich über sich selbst im Klaren sind, dann können Sie auch mit Ihren Mitarbeitern und Vorgesetzten besser umgehen. Je besser Sie sich kennen, desto weniger angreifbar sind Sie. Sie bleiben auch in schwierig erscheinenden Situationen ruhig und gelassen. Und diese Souveränität ist der erste Schritt zu einer natürlichen Autorität.

Sie finden hier 48 Statements in den Kategorien A – L, die sich jeweils auf eine bestimmte Führungsqualität beziehen.

Kreuzen Sie jeweils spontan an, ob diese Statements auf Sie und Ihr Verhalten zutreffen oder ob Sie sich in den Aussagen nicht wiedererkennen. Pro Kategorie mit jeweils vier Statements sind mehrere Ja-Antworten möglich.

Und: Seien Sie ehrlich. Niemand schaut Ihnen über die Schulter, um Ihnen anschließend den Stempel »Als Chefin durchgefallen« aufzudrücken. Das Testergebnis soll Ihnen lediglich dabei helfen, über Ihre Position und Ihr Verhalten mehr Klarheit zu erhalten.

Vielleicht stellt sich ja heraus, dass Sie schon eine perfekte Vorgesetzte sind!

	Ja	Nein
Kategorie A *Respekt*		
1. Die Mitarbeiter sollten ihren Tagesablauf so flexibel planen, dass jederzeit ein dringendes Chefgespräch zeitlich drin ist.	❑	❑
2. Mit Freundlichkeit können Sie generell Desorganisation ausgleichen.	❑	❑
3. « Chefsache« geht immer vor »Mitarbeitersache«	❑	❑
4. Die Mitarbeiter sollen/dürfen bei Arbeitsüberlastung einen plötzlich anberaumten Cheftermin nach ihrem Zeitplan verschieben.	❑	❑
Kategorie B *Führungsverantwortung*		
1. Die Mitarbeiter können mit dringenden Problemen jederzeit die Zeit der Chefin beanspruchen.	❑	❑
2. Verbreitete Chefmeinung: Mitarbeiter sind nur zu bequem, eigene Lösungen zu finden und fragen lieber »schnell mal den Chef«.	❑	❑
3. »Führungsarbeit« kommt vor der »Routinearbeit« der Chefin.	❑	❑
4. Aus Zeitgründen sollten Gespräche mit Mitarbeitern so schnell wie möglich abgewickelt werden.	❑	❑
Kategorie C *Ehrlichkeit*		
1. Ab und zu sind Notlügen wichtig, um das gute Betriebsklima nicht zu gefährden.	❑	❑
2. Mein Motto: Wahrheit (um jeden Preis) geht vor persönlicher Empfindsamkeit.	❑	❑

	Ja	Nein
3. Hauptsache ist, dass man die unangenehme Information *elegant* vermittelt.	❑	❑
4. In der Sache soll man korrekt, in der Sprache kränkungsfrei, fair, offen und ehrlich sein.	❑	❑

Kategorie D *Kritik*

	Ja	Nein
1. Man muss ja nicht gleich mit der Tür ins Haus fallen.	❑	❑
2. Vage Andeutungen und wolkige Allgemeinplätze werden von den Betroffenen schon richtig verstanden.	❑	❑
3. Informationen vom »Hörensagen« dürfen ungeprüft im Mitarbeitergespräch weitergegeben werden.	❑	❑
4. Manchmal ist »Feigheit« eine gute Strategie, um im Gespräch weiterzukommen.	❑	❑

Kategorie E *Gefühl*

	Ja	Nein
1. Zu viel Gefühlsduselei im Gespräch hilft in der Sache nicht weiter.	❑	❑
2. Gefühle im Gespräch signalisieren dem Mitarbeiter: »Meine Chefin hat Verständnis für mich.«	❑	❑
3. Wenn die »Beziehungsebene« auf dem Nullpunkt ist, wird das Gesprächsergebnis gefährdet.	❑	❑
4. Manchmal kann ich mich auf mein Einfühlungsvermögen verlassen.	❑	❑

	Ja	Nein
Kategorie F *Verständnis*		
1. Es gibt Mitarbeiter, die sind hin und wieder sehr schwer von Begriff.	❑	❑
2. Wer nicht hören will, muss fühlen.	❑	❑
3. Ab und zu muss auch mal die Chefin ihrem Herzen Luft machen.	❑	❑
4. »Selbstdarstellung« der Mitarbeiter braucht zwar einige Zeit, hilft aber auf lange Sicht mehr, als das Gespräch »abzuwürgen«.	❑	❑
Kategorie G *Förderung der Mitarbeiter*		
1. Persönliche Karrierewünsche der Mitarbeiter müssen nicht immer sofort berücksichtigt werden.	❑	❑
2. Warum sollte ich auf einen guten Mitarbeiter verzichten?	❑	❑
3. Wenn die Chefin den Mitarbeiter braucht, um den »Rücken frei« zu haben, darf der Mitarbeiter nicht damit rechnen, befördert zu werden.	❑	❑
4. Gute Mitarbeiter sind rar, deshalb heißt das Gebot der Stunde: »Der bleibt hier, solange ich will.«	❑	❑
Kategorie H *Erfolg*		
1. Für die roten Zahlen im Unternehmen kann man im Nachhinein auch die Mitarbeiter verantwortlich machen.	❑	❑
2. Die Chefin ist letztlich für alles verantwortlich und daher müssen die Mitarbeiter in ihrem Sinne »spuren«.	❑	❑

	Ja	Nein
3. Alle (Chefin und Mitarbeiter) müssen an »einem Strang« ziehen.	❑	❑
4. Besondere Talente der Mitarbeiter müssen berücksichtigt und entsprechend eingesetzt werden.	❑	❑

Kategorie I *Klima*

	Ja	Nein
1. Rational geht vor emotional: Das rettet Arbeitsplätze.	❑	❑
2. Bittere Pillen sind leichter zu schlucken, wenn das Gesprächsklima von Verständnis geprägt ist.	❑	❑
3. Kehren Sie mit dem »eisernen Besen«, müssen Sie mit Rachegefühlen rechnen.	❑	❑
4. Durch Anerkennung der bisherigen Leistung lassen sich unerfreuliche Tatsachen besser »verkaufen«.	❑	❑

Kategorie J *Fähigkeitsentwicklung*

	Ja	Nein
1. Gute Anlagen der Mitarbeiter müssen in jedem Falle gefördert werden, auch wenn andere dadurch zu kurz kommen.	❑	❑
2. Herausragende Mitarbeiter brauchen eine kluge Führung, um nicht »abzuheben«.	❑	❑
3. Wenn ein Mitarbeiter wirklich gut ist, darf er den Kollegen jederzeit sagen, »wo's langgeht«.	❑	❑
4. Wenn Kollegen einen »Streber« boykottieren, muss dies zur »Chefsache« erklärt werden.	❑	❑

	Ja	Nein
Kategorie K *Zeit*		
1. Zeit ist Geld: Mitarbeitergespräche können dadurch rationalisiert werden, indem Sie während des Zuhörens zum Beispiel gleichzeitig Briefe unterschreiben.	❑	❑
2. Chefinnen wissen oft schon bei den ersten Sätzen der Mitarbeiter, was diese sagen wollen, und können durch eine schnelle Antwort das Ganze etwas abkürzen.	❑	❑
3. Wenn Mitarbeiter, während eines Einzelgesprächs die Zeitnot ihrer Chefin erkennen, dürfen die Mitarbeiter den Termin verschieben.	❑	❑
4. Mitarbeiter dürfen ihre Chefinnen darauf aufmerksam machen, dass sie sich durch vermeintliches Weghören ignoriert fühlen.	❑	❑
Kategorie L *Umgang mit Mitarbeitern*		
1. »Auf einen groben Klotz gehört ein grober Keil.« Selbstverliebte Mitarbeiter müssen in ihre Schranken gewiesen werden.	❑	❑
2. Nur durch ständigen Druck »von oben« können »Selbstläufer« wieder in ihre Schranken gewiesen werden.	❑	❑
3. Aus einem Spezialisten ein Allround-Talent zu machen bedeutet, mit viel Fingerspitzengefühl zu agieren.	❑	❑
4. Manchmal verschafft der Sitz auf einem »hohen Ross« einen besseren Überblick, allerdings ist der Kontakt zum »Fußvolk« sehr eingeschränkt.	❑	❑

Auswertung:
Mit **Ja** können beantwortet werden:

Kategorie A: Respekt **Punkt 4**
Begründung: Weil die Mitarbeiter dadurch das Gefühl bekommen, dass Sie von Ihnen respektiert werden, dass Sie als Chefin ihre Arbeit wertschätzen und nicht verlangen, dass sie plötzlich einfach alles liegen und stehen lassen. Sie bitten um einen kurzfristigen Termin innerhalb einer festgelegten Frist. Sie geben den Grund für den Termin bekannt und überlassen den Mitarbeitern die Entscheidung, wann sie kommen. Die Menschen fühlen sich ernst genommen und das motiviert ungemein. Dieser Motivationsschub kostet keinen Cent!

Kategorie B: Führungsverantwortung **Punkte 1 und 3**
Begründung Punkt 1: Das fördert die Eigenverantwortung (ganz im Sinne der demokratischen Führungskultur). Der Mitarbeiter arbeitet so lange selbstständig an einem Projekt, bis er Fragen hat. Diese Fragen haben dann aber Priorität.
Begründung Punkt 3: Wenn »der Karren im Dreck steckt«, wird er nur wieder frei, wenn alle gleich hoch motiviert sind und mitziehen. Die Motivation endet schlagartig, wenn die Mitarbeiter das Gefühl haben, dass ihr Engagement nichts wert ist und die Chefin immer an erster Stelle kommt.

Kategorie C: Ehrlichkeit **Punkt 4**
Begründung: Sie müssen den Anlass von der Person trennen. Wenn Ihre Mitarbeiterin vergessen hat, einen dringenden Brief noch am selben Tag in die Post zu geben, ist das ärgerlich, aber deshalb darf die Person nicht zur »Unperson« gestempelt werden.

Kategorie D: Kritik **Punkt 1**
Begründung: Sie sollten nie sofort nach dem zu kritisierenden Vorfall mit der Kritik »herausplatzen«. Im ersten Zorn sagt man Worte, die man später bereut.

Kategorie E: Gefühle **Punkte 2, 3 und 4**
Begründung Punkt 2: Wenn die Gefühle zum Gesprächsinhalt passen, nennt man das in der Fachsprache Kongruenz. Es ist die Übereinstimmung von Ausdruck und Sprachinhalt. Das erhöht Ihre Überzeugungskraft.

Begründung Punkt 3: Wenn die Gesprächsatmosphäre vergiftet ist, kommt es zu keinem tragfähigen Ergebnis. Der Mitarbeiter wird eventuell zähneknirschend Ihrer Anweisung folgen, aber er sinnt auf Rache, was auf Dauer sehr kontraproduktiv ist.
Begründung Punkt 4: Da bin ich ganz sicher!

Kategorie F: Verständnis **Punkt 4**
Begründung: Menschen haben bei komplizierten Sachverhalten das Bedürfnis, etwas ausführlicher über sich selbst zu berichten. Wenn also ein Mitarbeiter Ihnen ausschweifend erklärt, weshalb er nicht in die andere Abteilung wechseln kann, dann haben Sie Geduld und üben Sie sich in der Kunst des Zuhörens. Denn hier steckt das tiefe Bedürfnis dahinter, **verstanden** zu werden. Wenn Sie das Gespräch – ob aus Zeitmangel oder Ungeduld – schnöde abwürgen, bleibt bei Ihrem Mitarbeiter das ungute Gefühl, nicht ernst genommen zu werden. Das kann bei ihm zu Dienst nach Vorschrift führen. Im Verhältnis dazu lohnt sich der geringe zeitliche Mehraufwand ganz sicher.

Kategorie G: Förderung **Punkt 1**
Begründung: Karrierewünsche können nicht immer sofort erfüllt werden. Seien Sie auch hier offen und nennen Sie die Aufstiegschancen. Dann kann Ihr Mitarbeiter entscheiden, ob er damit leben kann. Hinhaltetaktik ist demotivierend.

Kategorie H: Erfolg **Punkte 3 und 4**
Begründung Punkt 3: An einem Strang ziehen heißt, die Kräfte der Mitarbeiter und Ihre eigenen auf ein gemeinsames Ziel gerichtet zu bündeln. Dadurch vermeiden Sie Streuverluste.
Begründung Punkt 4: Fördern Sie Talente – vorausgesetzt, sie nützen dem Erfolg Ihrer Abteilung oder Ihres Projektes. Ist ein Mitarbeiter aus der Buchhaltung etwa ein begabter Karikaturist, dann hat sein Talent mit dem Beruf allerdings nichts zu tun.

Kategorie I: Klima **Punkte 2, 3 und 4**
Begründung Punkt 2: Wenn sich ein Mensch ernst genommen fühlt, kann er auch für Dinge Verständnis aufbringen, die er als »bittere Pille« empfindet.
Begründung Punkt 3: Der eiserne Besen ist nur gerechtfertigt, wenn Sie die Maßnahme begründen. Er darf nicht als genereller Führungsstil fungieren, sondern nur als kurzfristige Notfall-Maßnahme, etwa zur Erhaltung von Arbeitsplätzen.

Begründung Punkt 4: Schaffen Sie einen Ausgleich in der Waagschale zwischen guter Leistung und schlechter Leistung. Beides ist natürlicher Bestandteil eines Arbeitslebens. Wenn nur die schlechten Leistungen hervorgehoben werden, ist das psychische Gleichgewicht des Mitarbeiters gestört. Die Folge: Demotivation und Ängste.

Kategorie J: Fähigkeitsentwicklung — Punkte 2 und 4

Begründung Punkt 2: Der Spagat zwischen Realitätssinn und »Abheben« ist eine Führungsherausforderung. Zu starkes »Bremsen« eines herausragenden Mitarbeiters führt zur Unterforderung, wird er aber überheblich, kann das den Synergie-Effekt im Team zerstören. Vielleicht können Sie Balance herstellen, wenn Sie ihm eine zusätzliche Aufgabe anvertrauen.
Begründung Punkt 4: Wenn ein Mitarbeiter wegen herausragender Leistungen von seinen Kollegen als »Streber« tituliert wird, handelt es sich um Mobbing und muss unbedingt zur Chefsache gemacht werden.

Kategorie K: Zeit — Punkte 3 und 4

Begründung Punkt 3: Falls Sie mehrere Dinge auf einmal erledigen wollen, machen Sie nichts gründlich. Also gleichzeitig Briefe unterschreiben, telefonieren und ein Mitarbeitergespräch führen, das geht nicht! Sollten Sie dennoch in diese Situation geraten, nehmen Sie es Ihrem Mitarbeiter nicht übel, wenn er Sie um einen anderen Termin bittet.
Begründung Punkt 4: Kein Mensch möchte gern ignoriert werden, Sie auch nicht. Also nehmen Sie es bitte ernst, wenn dieser Eindruck bei Ihren Mitarbeitern entsteht.

Kategorie L: Umgang mit Mitarbeitern — Punkte 3 und 4

Begründung Punkt 3: Damit der »Hochbegabte« nicht die Lust an anderen Aufgaben verliert, sollten Sie Ihr Lob auch für seine ungeliebten Tätigkeiten aussprechen.
Begründung Punkt. 4: Diese Frage müssen Sie sich selbst beantworten, ob und wie lange Sie den Blick vom »hohen Ross« nützlich finden. Sie laufen Gefahr, dass es von Ihren Mitarbeitern als Überheblichkeit gewertet wird und genau das Gegenteil dessen erzielt, was Sie erreichen wollten.

Je mehr Ihrer Ja-Antworten mit den in der Auswertung angegebenen übereinstimmen, desto besser sind Ihre Fähigkeiten, Mitarbeiter optimal zu führen. Und sollten sogar alle Ihre Ja-Antworten mit der Auswertung übereinstimmen – Kompliment, dann sind Sie eine perfekte Vorgesetzte!

Literatur

Adams, Scott: *Das Dilbert Prinzip*. Landsberg: mi 1997

Gerken, Gerd: *Management by Love*. Düsseldorf: Econ 1991

Gray, John: *Männer sind anders – Frauen auch*. München: Goldmann 1993

Hagemann, Gisela: *Die hohe Schule der Motivation*. Landsberg: mi 1990

Kohlmann-Scheerer, Dagmar: *Kontern – aber wie*. Offenbach: Gabal 2001

Kohlmann-Scheerer, Dagmar: *Gestern Kollege – heute Vorgesetzter*. Niedernhausen/Ts.: Falken 2. Aufl. 2001

Lay, Rupert: *Dialektik für Manager*. München: Langen/Müller/Herbig 1987

Ogger, Günter: *Nieten in Nadelstreifen*. München: Droemer Knaur 1992

Panse, Winfried/Stegmann, Wolfgang: *Kostenfaktor Angst*. Landsberg: mi 1996

Pease, Allan u. Barbara: *Warum Männer nicht zuhören und Frauen schlecht einparken*. München: Ullstein 2000

Rückle, Horst: *Körpersprache für Manager*. Landsberg: mi 1979

Schönberger, Margit: *Mein Chef ist ein Arschloch, Ihrer auch?* München: Mosaik 2001

Sprenger, Reinhard K.: *Mythos Motivation*. Frankfurt/Main: Campus 1992

Tannen, Deborah : *Job Talk*. München: Kabel 1995

Die Autorin

Dagmar Kohlmann-Scheerer ist Coach und Trainerin für Rhetorik, Selbstbehauptung, Karriereplanung und Verkaufs-Know-how (Lehrinstitut *DKS-Training*). Sie war Lehrbeauftragte an der FH in Pforzheim und an der TU München. Die gelernte Buchhändlerin und ehemalige Verlagsvertreterin hat bereits mehrere erfolgreiche Bücher veröffentlicht und lebt in München.

RIENTS RITSKES
DER
ZENMANAGER
ARISTON